형사 피고인이라면 반드시
한 번은 써야 하는 반성문의 예시

반성문 A to Z

제1권

반성문
A to Z 제1권

ⓒ 최한겨레, 2019

초판 1쇄 발행 2019년 12월 31일

편저자	최한겨레
펴낸이	이기봉
편집	좋은땅 편집팀
펴낸곳	도서출판 좋은땅
주소	서울 마포구 성지길 25 보광빌딩 2층
전화	02)374-8616~7
팩스	02)374-8614
이메일	gworldbook@naver.com
홈페이지	www.g-world.co.kr

ISBN 979-11-6536-001-6 (03300)

이 도서의 국립중앙도서관 출판예정도서목록(CIP)은 서지정보유통지원시스템 홈페이지(http://seoji.nl.go.kr)와 국가자료공동목록시스템
(http://www.nl.go.kr/kolisnet)에서 이용하실 수 있습니다. (CIP제어번호 : CIP2019052233)

형사 피고인이라면 반드시
한 번은 써야 하는 반성문의 예시

반성문
A to Z 제1권

최한겨레 편저

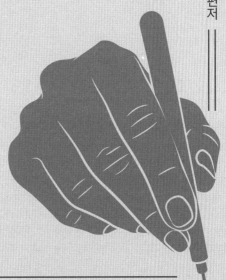

좋은땅

머리말

종종 나에게 "너는 나이도 어리고, 경력도 부족하고, 판사 · 검사 또는 사법 연수원 출신도 아닌데 누가 너를 선임하느냐?"라고 묻는 사람들이 있다. 그런 분들이 나의 변호활동 실적을 알면 적잖이 놀라시겠지만, 그런 말을 들어도 기분이 나쁘지만은 않다. 가만히 있어도 나이는 들고 연차는 쌓이는 것이기에, 지금보다 몸값이 더 올라가는 그날을 생각하면 즐겁다. 그리고 나는 고위 엘리트 법조인분들과는 다른 종류의 유능함과 매력을 가지고 있다. 많은 의뢰인들이 나를 찾는 이유도 거기에 있지 않을까 생각한다.

이 책을 발간하게 된 이유는 딱 두 가지다. 피고인들에게 반성문 작성 방법을 알려 주기 위함과 그들에게 나를 알리는 것이다. 변호사 생활을 하면서 많은 형사 피고인들을 만났다. 그 피고인들은 언제나 나에게 "반성문을 어떻게 써야 하나요?"라고 물었다. 평생 펜을 잡아 본 적이 없는 피고인들도 더러 있었다. 그런 피고인들에게는 누군가가 반성문을 대필해 주거나 다른 피고인들이 작성한 반성문을 보여 주는 것이 필요했다.

'피고인의 진지한 반성'은 판결주문에 영향을 미치는 중요한 양형 사유다. 반성문을 제출하지 않는 것보다는 제출하는 것이 낫고, 한두 번 쓰는 것보다는 여러 번 써서 제출하는 것이 좋다. 형사 피고인이라면 반드시 한 번은 써야 하는 반성문의 예시를 이 책에 모아 놓았으니 도움이 되었으면 좋겠다. 그중에는 본인이 써 준 것도 있고, 피고인들이 직접 쓴 것도 있다. 비슷하게 중복되는 내용이 좀 있을 것인데, 동일한 피고인이 며칠, 몇 달 간격으로 여러 번 쓴 것이다. 같은 이야기라도 안 쓰는 것보단 낫고, 결과가 좋았으니 그렇게 중복해 써서 제출해도 문제 없다는 것을 보여주기 위함이다. 보다 보면 별 영양가가 없을 것 같은 반성문도 있을 것이다. 그렇게 쓰지 말라는 의미에서 넣었다. 문학적 표현을 쓰거나 어려운 단어를 쓰지도 않았다. 반성문은 그렇게 어렵게 쓰면 안 된다.

반성문은 자신이 어떤 죄를 지었는지 명확하게 인식하고 쓰는 것이 필요하다. 혹자는 제가 이런 책을 편저하겠다고 하니, 아예 반성문 쓰는 법을 구체적으로 지도하면서 알려 주는 책을 쓰는 것이 어떻겠냐고 했다. 그건 여유가 좀 더 생기면 생각해 보겠다.

반성문을 작성하고자 하는 피고인들이라면, 일단 본서에 있는 문구만이라도 참조하여 제출할 것을 추천한다. 그리고 구치소에 구속된 피고인들의 가족이라면, 이 책을 구입해서 영치물품으로 넣어 주는 것도 도움이 될 것이다.

　이 책을 만들기까지 도움을 준 최근식 박사님께 감사드리고, 좋은땅 출판사 사장님 및 편집부 여러분의 노고에도 심심한 사의를 표한다. 아울러 이 책을 읽는 독자들에게도 미리 감사의 인사를 전한다. 이 인연이 앞으로도 이어지리라 기대해 본다.

2019년 11월
변호사 최한겨레 씀
choe@chgreat.co.kr

목차

반성문

- 사건번호: 2016고합○○○
- 사건명: 상해
- 수번: ○○○
- 피고인: 최○○

존경하는 재판장님,

이곳에서 생활하면서 제 자신의 지난날들을 또 한 번 뒤돌아보는 계기를 가지게 되었습니다. 저의 불미스러운 행동으로 피해자에게 크게 피해를 끼치고 고통을 드린 것에 진심으로 사과드립니다. 무슨 말로도 용서될 수 없다는 것 잘 알고 있습니다. 최대한 빨리 피해자 분께 사죄드리고 또 사죄드리겠습니다.

존경하는 재판장님,

저는 어렸을 때부터 철없는 행동과 그에 대한 수많은 용서를 받고 사회생활을 잘하다 또 정신적 자제력 문제로 또 이곳에 왔습니다. 무역 일을 하다 중국에서 잘못된 선택으로 사형선고를 받은 정신적 충격과, 늘 가슴으로 절 알아주신 아버님께서 희귀 암으로 갑자기 돌아가신 충격으로 또 방황의 시간과 이혼의 아픔을 겪고 그러다 잘못된 수사 제보로 도피 생활 8개월 만에 피해자한테 큰 상처를 주고 또 도망가서 숨어 있다가, '이건 아니다'라는 생각이 들어 집 주인한테 112에 신고 좀 해 주라고 해서 들어왔습니다.

너무도 제 자신이 밉고 잘못된 선택으로 지울 수 없는 죄인의 몸이 되어 절제된 생활과 규칙적인 생활에 솔선수범하여 수용생활도 잘 적응하고 있습니다. 죄짓고 도망 다닐 때보단 마음 편안히 산다는 것이 너무도 감사할 뿐입니다.

이렇게라도 열심히 반성해서 사회에 복귀할 때는 꼭 필요한 사회구성원이 되어 더 열심히 살겠습니다.

그러나 범죄자인 저도 걱정이 한두 가지 있습니다. 다름이 아니라 혼자 계시는 어머님을 조금이라도 빨리 제가 모시고 싶은 걱정과 돌아가신 아버지께 못한 사랑을 어머님께라도 잘해서 효도하고 싶습니다.

피해자 분을 다치게 해놓고 정작 본인은 아프다고 치료를 받을 수 있게 말씀드리는 제 자신이 너무도 밉습니다. 염치도 없습니다. 하지만 수용생활하려면 그래도 정상적으로 할 수 있게 치료를 부탁드립니다. 현재 목과 왼쪽 팔, 엄지 검지(디스크)신경 눌림 증상으로 저림과 마비가 동반되고 있습니다. 재판 중이지만 잠시나마 치료를 할 수 있게 도와주셨으면 합니다. 그러면 이곳 생활을 더 솔선수범해서 정상인으로 새출발하겠습니다.

2017. ○. ○.
최○○

반성문

- 사건번호: 2017고합○○○
- 사건명: 뇌물공여등
- 수번: ○○○○
- 거실: ○○중 ○방
- 성명: 반성남

재판장님 귀중

존경하는 재판장님,

　정의사회 실현에 노고가 많으십니다. 저 피고인은 2017. ○. ○. 구속기소된 죄인 반성남입니다. 남의 눈에 눈물 나게 하면 본인은 피눈물을 흘린다는 그 말의 뜻을 이 죄인 몸소 체험하고 있습니다. 결혼한 지 ○○년간 아내와 자식들을 위해 열심히 살아왔는데, 이 피고인이 법을 위반하여 아내와 딸들에게 많은 눈물을 흘리게 하였고, 가장이라는 것이 무색합니다. 그리고 이 피고인 역시 죄스러움과 부끄러움에 눈물을 흘리며 하루하루 반성의 나날을 보내고 있습니다.

　이 죄인은 너무 부끄러워 딸들에게만은 이곳에 들어온 것을 숨겼습니다.

그리고 그동안 제 아내는, 옥바라지를 하면서도 딸들에게는 이를 숨겼으나 결국 딸들이 알게 되었고, 딸들이 면회를 왔습니다. 딸들은 이 죄인을 면회 와서는 아무 말도 못하면서 그 짧은 10분 동안 눈물만 흘리는데, 피고인은 그 시간이 억만금같이 길게 느껴졌고, 앞으로 다시는 죄를 짓지 않고 살겠다고 수천 번 수만 번 다짐하는 시간이었습니다. 피고인은 눈물만을 흘리며 돌아가는 딸들을 보고 있어야 했고, 그런 딸들에게 그 무엇도 해 줄 수 없는 현실이 참혹하기만 했습니다.

이제 부끄러운 아버지의 모습까지 보여주었는데, 앞으로 어떻게 살아가야 할지, 그것이 피고인을 억누르는 통에, 이 죄인은 몇 날 며칠을 멍하게 보내기도 하였습니다. 이미 돌이킬 수 없는 지난날이지만, 좀 더 아끼고 어떻게든지 살려는 노력을 했었다면, 분명히 지금의 고통과 슬픔은 없었을 것입니다. 현명한 판단과 처신을 하지 못한 이 죄인을 탓하는 방법밖에는 없었고, 앞으로는 절대로 사랑하는 가족들에게 아픔을 주는 일은 만들지 말아야겠다는 다짐을 굳게 하고 있습니다.

존경하는 재판장님, 피고인은 법의 엄중함을 ○○ 중반이 되어서야 피부로 느끼며 뼈를 깎는 고통을 느꼈습니다. 다시는 죄를 저지르지 않겠다는 다짐과 범죄는 추호도 하지 않아야겠다는 굳은 의지로 피고인 자신을 길들이고 길들이며, 가족의 사랑만 가슴 깊이 느끼고 있습니다. 세상에서 귀한 것이 진정 무엇인지 알게 되었고, 아내와 딸들이 안정을 찾아 면회를 와서 같이 웃을 수 있는 그 날이 오길 진정으로 바랄 뿐입니다.

철이 든다는 것은 아마도 본인이 무언가에 대해 책임을 지고 이를 완수하며 끝까지 그것을 지켜가는 것, 어느 유혹에도 자신의 마음이 변질되지 않고 확고해질 때를 말하는 것이라는 것을 뒤늦게 알게 되었습니다. 존경하는 재판장님, 피고인이 잘 모르고 죄를 지었습니다. 이젠 하라고 등을 떠밀어도 죽어도 안 할 자신이 있습니다. 당연히 법을 준수하는 것이 인간의 도리임을 깨닫게 되었습니다.

　존경하는 재판장님,

　피고인이 무슨 말씀을 드린다 해도 피고인의 죄를 경감할 수는 없으리라 잘 알고 있습니다. 하지만 준엄한 법을 어긴 자가 어떻게 처벌받는다는 것을 뒤늦게나마 깨닫게 된 죄인입니다. 송구스럽지만, 이 죄인이 하루라도 빨리 아내와 딸들이 기다리는 가족의 품으로 돌아가 가장의 노릇을 조금이나마 할 수 있도록 재판장님의 선처를 부탁드립니다. 정말 열심히 살겠습니다. 그리고 추호도 법규를 어기지 않고, 작은 것 하나 준수하면서 최선을 다해 살 것을 약속드리며 이 죄인의 반성문을 올립니다.

반성문

- 사건번호: 2017고합○○○호
- 사건명: 뇌물공여등
- 수번: ○○○○
- 피고인: 이○○

존경하는 재판장님,

정의사회 실현에 노고가 많습니다. 저 피고인은 2017년 ○월 ○일 구속 기소된 죄인 이○○입니다. 남의 눈에 눈물 나게 하면 본인은 피눈물을 흘린다는 그 말의 뜻은 피고인 몸소 체험하고 있습니다.

결혼한 지 28년간 아내와 자식들을 위해 살아왔는데 피고인이 법을 위반하여 아내와 딸들에게 많은 눈물을 흘리게 하여 가장이란 것이 무색하게 피고인 역시 현재 눈물을 흘리며 하루하루 반성의 나날을 보내고 있습니다.

피고인이 어떻게 될지 몰라 딸들에게는 이곳에 들어온 것을 아내가 그동안 수많은 변명으로 숨기려 했지만 도저히 감당이 아니 됐는지 딸들이 알게 되어 면회를 와서 아무 말도 못하고 면회하는 10분이란 시간 동안 눈물만 흘리고 가는 딸들을 보면서, 피고인은 눈물을 흘리며 돌아가는 딸들만 보고 있어야 했고, 그런 딸들에게 그 무엇도 해 줄 수 없는 현실에 참혹하기만 했습니다.

이젠 이곳의 아빠 모습을 보여주었으니 앞으로 어떻게 해야 할지 그것이 피고인을 억누르는 고통에 그냥 미쳐 버렸으면 하는 마음입니다. 지난날 없으면 몸도 아끼고 어떻게든 살려는 노력을 했다면 분명히 지금의 고통과 슬픔은 없을 것을 생각하면서 앞으로는 절대로 가족에게 아픈 일을 만들지 말아야 한다는 피고인의 굳은 의지는 가족과 함께하는 날에는 더욱 완고해지리라고 생각하고 생각할 뿐입니다.

존경하는 재판장님,

피고인은 법의 엄중함을 ○○ 중반이 되어서야 피부로 느끼며 뼈를 깎는 고통을 느끼며 다시는 범죄라는 것을 추호도 하지 않아야겠다는 굳은 마음으로 피고의 자신을 길들이고 길들이며 가족의 사랑에만 가슴 깊게 느끼고 있습니다. 세상에서 귀한 것이 진정 무엇인지 알게 되었습니다.

아내와 딸들이 안정을 찾아 여기 있는 동안이라도 면회를 오면 웃는 얼굴이 되기만을 바랄뿐입니다. 철이 든다는 것은 아마도 본인이 무언가에 대해 책임을 완수할 수 있고 끝까지 그것을 지켜가고 어느 것에도 변질되지 않고 확고한 마음을 가지고 갈 때가 비로소 철이 든다는 사실을 늦게 알게 되었습니다.

존경하는 재판장님,

피고인이 잘 모르고 범죄를 하였습니다. 이젠 하라고 등을 떠밀어도 죽어도 안 할 자신 있습니다. 당연히 법을 준수하는 것이 사람의 도리임을 깨닫게 되었습니다.

　존경하는 재판장님,
　피고인 무슨 말씀을 드린다고 해도 죄를 경감할 수는 없으리라 생각합니다. 하지만 법을 어기면 어떻게 된다는 깊은 뜻을 뒤늦게나마 깨닫게 된 피고인에게 하루라도 빨리 아내와 딸들이 기다리는 가족 품으로 돌아가 가장의 노릇을 할 수 있도록 존경하는 재판장님의 선처를 부탁뿐입니다. 정말 열심히 살겠습니다. 그리고 추호도 법규를 어기지 않고 작은 것 하나까지 준수하면서 최선을 다해 살 것을 약속드리며 피고인의 반성문을 올립니다.

2017년 ○월 ○일
피고인: 이○○

반성문

- 사건번호: 2017고합○○○
- 사건명: 마약투약
- 수번: ○○○
- 피고인: 한○○

존경하는 재판장님,

잘못과 용서를 빌어도 제가 한 범죄에 대해서 책임을 져야 한다는 사실을 잘 알고 있습니다. 그 책임에 대해서는 열심히 수용생활을 하면서 더욱 성숙한 모습으로 살겠습니다.

저는 현재 이곳 구치소에서 타 수용자보다 더 열심히 규칙적이고 자제하면서 모범이 되는 수용생활을 하고 있습니다. 솔직히 제가 수사기관으로부터 도망을 다니면서 생활했던 그 긴 시기보다, 구속되어 구치소 생활을 하는 이 시기가 더 마음이 편하고, 저의 몸과 마음은 더 건강해졌습니다. 그리고 이곳에서 1년 넘게 정신과 치료를 받으면서 재활과 갱생의 삶을 살고 있습니다.

존경하는 재판장님,

정말 뻔뻔하게 보이시겠지만, 저는 앞으로 약을 안 할 자신이 있습니다. 물론 제가 힘들었던 그 시기에 또 다시 약에 손을 대었던 적이 있었습니다만, 이제는 다시는 안 할 자신이 있습니다. 저는 2011년 이후 마약관련으로 집행유예의 선처를 두 번이나 받았었습니다(2013년에 5년, 2012년 6월에 5년 이렇게 받았습니다).

집유기간에는 저는 약의 유혹에 빠지지 않고 잘 살았었습니다. 집행유예가 끝나고 나자 다시 약에 손을 대었던 이유가 당시에는 무엇인지 잘 몰랐지만, 이제는 치료를 받으면서 명확히 알게 되었습니다. 그 이유는 바로 불안함이었습니다. 그리고 그 불안함을 이제 극복할 수 있습니다.

핑계이겠지만, 저는 칼로 사람을 찌르고 무서워서 도망을 갔습니다. 그 불안함으로 인해 약을 하였습니다. 안정을 찾기 위해 마약을 한 것은 정말 잘못되고 어리석은 생각이라는 걸 지금은 알고 있습니다. 그리고 저는 자수를 하였습니다. 당시 숨겨둔 마약을 자진하여 신고도 하였습니다. 이러한 여러 일들을 용서받을 수는 없겠지만, 그때 상황에서 자수하려는 마음은 진심이었다는 점을 꼭 알아주십시오. 정말 열심히 살아가겠습니다.

이곳 생활도 더 규칙적이고 모범적으로 생활하겠습니다. 피해자 분들께도 진심으로 잘못을 빌고 용서를 구하겠습니다. 모든 분들께 사과드립니다. 하루하루를 속죄하는 마음으로 살겠습니다. 정말 죄송합니다.

반성문

- 사건번호: 2017고단○○
- 사건명: 수뢰
- 수번: ○○○○
- 피고인: 김○○

존경하는 재판장님,

먼저 저의 재판을 충분히 신경 쓰면서 진행해 주셔서 감사드립니다. 제가 이 자리에 서서 제 인생을 돌아보니, 열심히 산다고 살았고 주위 사람들을 신경 쓰면서 산다고 살았는데, 한편으로는 잘못 살아온 부분도 있었구나 하는 생각이 듭니다.

제 자신만을 챙기면서 살기에는 제 오지랖이 넓어서 주위 사람들 사는 것도 신경 쓰고 그러다 보니 자연히 정치를 하게 되었습니다. 여러 번에 걸쳐서 구민들의 사랑을 받고 선택을 받아서 의정활동을 하면서도 자연히 ○○구내에서 일어나는 여러 일들에 관여하지 않을 수가 없었습니다.

○○희 관련 사건도 사실 제가 나서지 말았어야 하는데, ○○희가 억울한 것 같다는 이야기에 괜히 나서서 중간에서 조정을 하다가 결국 오늘의 이 사태에 이른 것 같습니다. 한편 정치인이다 보니 여러 사람들을 제대로

가리지 못하고 어울리고 또 그 사람들과 너무 허물없이 지내다 보니 재판부께서 보시기에 부적절한 모습을 보인 적도 있는 것 같습니다. 죄송하게 생각합니다.

그렇지만 이 재판을 받다 보니 제가 저지른 잘못에 비해서 너무 가혹하게 조사받고 처벌받고 있다는 생각을 하지 않을 수 없습니다. ○○희로부터 돈을 받지도 않았고 또 공무원들에게 청탁을 해서 ○○희에게 유리하게 해 준 것도 없습니다. 잘 살펴보아 주시기를 바랍니다.

무엇보다도 윤○○은 제가 만나 본 일도 없고 제가 윤○○으로부터 직접 어떤 말을 들은 바도 없습니다. 정○○이 윤○○이 한 말을 전했는데 그 이야기 중에는 돈을 주겠다거나 지구단위계획변경을 도와 달라는 등의 말은 전혀 없었습니다.

제가 정○○을 통하여 윤○○에게 돈을 달라는 요구를 한 적도 없습니다. 제대로 알지도 못하는 사람에게 돈을 달라고, 그것도 2억 원이나 되는 돈을 달라고 할 수는 없는 일입니다. 제가 시정잡배도 아니고 강도도 아닌데 그런 제가 잘 모르는 사람한테 그런 돈을 달라고 했다고 인정하는 것을 보고서는 도대체 왜 나한테 이런 일이 생기는 것인지 하늘이 캄캄해지는 것을 느꼈습니다. 잘 모르는 사람한테 2억 원을 내놓으라고 했다면 그것은 날강도 같은 짓이 아니겠습니까?

존경하는 재판장님,

제가 그렇게 잘 살아온 것은 아니지만 저렇게 후안무치하고 강도 같은 짓을 하고 살지는 않았다는 점을 꼭 좀 알아 주셨으면 감사하겠습니다. 판사님들께서 사건을 꼼꼼히 검토해서 진실을 꼭 밝혀 주시고 제 억울함을 풀어 주시기를 엎드려 빌겠습니다. 죄송하고 또 감사합니다.

반성문

- 사건번호: 2018노○○○
- 사건명: 절도
- 수번: ○○○○
- 피고인: 최○○

존경하는 재판장님,

저는 지난 수개월 동안 이곳에서 진심으로 반성하며 참회의 시간을 보내고 있습니다. 이번 사건에 있어서 제가 한 번 더 이성적으로 생각했었더라면 일어나지 않았었을 일인데, 저의 잘못된 판단과 행동으로 마음에 상처를 입으신 분들께 진심으로 죄송하다는 말씀을 드립니다. 이제부터라도 사회에 봉사하며 이제 8살, 11살이 된 두 아이의 떳떳한 아빠로 열심히 살아가고 싶습니다. 진심으로 죄송하고 또 죄송합니다.

존경하는 재판장님,

저는 초등학교 때 불의의 교통사고를 당해, 뇌수술을 받고 그 후유증으로 안면신경마비가 왔습니다. 그리고 안면마비라는 장애를 안고 평생을 살아왔지만, 단 한 번도 세상을 원망하지 않고 열심히 살았습니다. 고등학교

1학년 때에는 어머니의 권유로 음대에 진학하기 위해, 1년간 성악 레슨을 받기도 하였습니다.

그리고 저는 왼쪽 얼굴이 마비로 인해 움직이지 않아 발음도 정확하지 않지만, 일반인들도 힘들어하는 보험회사 콜센터에서 평가로는 1등을 하여 타의 모범이 된 적도 있었습니다. 물론 세상은 저의 편은 아니었지만, 노력하면 이룰 수 있다는 꿈이 있다는 것은 저에게 있어서 오히려 희망이었습니다.

이처럼 피고인이 살아온 자취를 감안하면, 피고인이 저지른 단 한 번의 실수가 절대 용서받지 못할 사안은 아닐 것이라는 점을 조심스럽게 말씀드리고자 합니다. 감사합니다.

최○○ 올림.

반성문

- 사건번호: 2017노○○○
- 사건명: 특수준강간
- 수번: ○○○
- 이름: 김○○

존경하는 재판장님께.

안녕하십니까? 존경하는 재판장님, 저는 특수준강간등의 죄로 ＊＊교도소에 수용된 19살 소년수 김○○이라고 합니다. 저는 오늘 ○월 ○일 재판에 갔다 왔습니다. 오늘 재판은 부모님이 오시지 못하였습니다.

부모님이 재판이 끝난 게 얼마 되지 않고서 저의 접견을 오시고는 미안하다고 하시며 접견하는 내내 미안하다고 사과만 하시다 가셨습니다. 오늘은 결심날짜도 아니고 선고 날짜도 아니었습니다. 그냥 아주 기본적인 재판이었는데도 이렇게 접견하는 10분 내내 사과만 하시다 가셨습니다. 기본적인 재판이었는데도 이렇게 사과를 하시는 부모님들을 보며 이런 생각이 들었습니다.

나는 이렇게 좋은 부모님을 가졌는데도 왜 부모님에게 성질만 내고 화만 내고 제 자신이 왜 그랬는지 너무 후회가 됩니다. 항상 제 곁에 있어 주시던 부모님에게 못되게만 굴었습니다. 부모님은 그런 저를 욕하지도 화를 내지도 않고 저에게 아무 해코지 없이 너무나도 아끼시며 저를 보살펴 주셨습니다. 그런 부모님에게 가면 갈수록 더 못되게 굴었고 결국에는 이곳까지 오는 엄청난 불효를 부모님께 저지르고 말았습니다.

하지만 제가 이곳에 와서도 부모님은 저를 버리시지 않고 이곳에 들어와 있는데도 이렇게 저를 아끼고 보살펴 주십니다. 제가 사회로 돌아가게 된다면 이곳에 있어도 저를 버리시지 않고 끝까지 아끼고 보살펴 주신 부모님의 은혜, 돈으로는 절대 환산할 수 있는 것이 아니지만 부모님의 곁에서 제가 이곳에 있었던 마음 잃지 않고 부모님의 곁에서 항상 부모님을 도와드리며 살아갈 것입니다. 저의 어머니는 지금 한식집을 하나 운영하시고 있습니다.

저의 꿈은 두 가지가 있습니다. 저 같은 아이들을 상담해 주는 상담사나 제가 한 요리를 맛있게 먹어 주는 모습을 보며 흐뭇해하는 요리사가 있습니다. 어머니 밑에서 요리 배우며 어머니 밑에서 일하고 싶습니다. 처음이자 마지막으로 선처 한번 부탁드립니다. 지금까지 이 반성문을 읽어 주셔서 감사합니다.

반성문

- 사건번호: 2017노○○○
- 사건명: 특수준강간
- 수번: ○○○
- 피고인: 김○○

존경하는 재판장님

안녕하십니까. 존경하는 재판장님, 저는 특수준강간등의 죄로 ＊＊교도
소에 수감이 된 19살 소년수 김○○이라고 합니다. 오늘은 가족에 관한 책
을 읽었습니다. 이 책의 제목은『가족 간의 관계』라는 제목의 책입니다.

저는 이곳에 수감이 되기 전에 어머니, 아버지와의 사이가 무지 좋지 않
았습니다. 어머니와는 얘기는 하지도 않았고 아버지와는 하루하루 맨날 성
질을 내며 싸우기만 했습니다. 가끔은 집도 들어가지 않았고 들어가더라도
새벽에 들어가 부모님의 속을 많이 썩이고 말았습니다.

저는 항상 부모님과 싸우고 나면 마음이 좋지 않았는데 항상 마음뿐이었
지 행동과는 항상 다르게 움직였습니다. 이제 지금 와서 생각해 보면 제가
왜 이제야 이런 교도소라는 곳에 와서야 깨달을 수 있었는지 제 자신이 너
무 한심하고 이제 와서 이런 생각을 하는 것도 너무나 한심합니다.

진작에 부모님의 말을 듣고 부모님의 곁에서 생활하고 행동했더라면 이런 곳에 오지 않고 지금 이런 감정들을 깨달을 수 있었다면 제가 지금 이곳에 없지 않았을까 하는 생각이 많이 듭니다. 항상 저를 위해 접견을 오시고, 오셔서는 괜찮다고 긍정적인 말씀을 해 주시는 아버지에게 여태 제가 제 자신이 한 행동이 이런 상황까지 몰고 왔고 여기까지 오셔서 고생하시는 부모님을 생각하면 부모님께 너무나도 죄송합니다.

　제가 만약 존경하는 재판장님의 선처로 인해 부모님의 곁으로 가족의 품으로 다시 돌아가게 된다면 항상 부모님의 곁에서 부모님의 말씀을 귀 기울이며 생활할 것입니다. 지금까지 이 반성문을 읽어 주셔서 감사합니다.

반성문

- 사건번호: 2016노ㅇㅇㅇ
- 사건명: 특수준강간
- 수번: ㅇㅇㅇ
- 피고인: 김ㅇㅇ

존경하는 재판장님께,

안녕하십니까. 존경하는 재판장님, 저는 특수준강간등의 죄로 ＊＊교도소에 수용 중인 19살 소년수 김ㅇㅇ이라고 합니다. 오늘 부모님께서 접견을 오셨습니다. 오셔서 하는 말씀이 책 많이 넣었으니 여기서 있는 시간을 헛되이 보내지 말고 네가 살아가면서 많이 도움이 되는 책을 읽으라고 하셨습니다. 이 책의 제목은 『하나의 문이 닫히면 두 개의 문이 열린다』라는 책입니다.

이 책에서 저에게 가장 인상이 깊었던 글귀가 하나 있습니다. 대화라는 주제에서 "인간이 전갈보다 더 나쁩니까?"라는 글귀가 있습니다. "전갈의 몸에는 바늘 가시가 있다는 것은 누구나 다 아는 사실입니다. 그러나 인간의 바늘 가시는 겉으로 보기에 그럴듯한 말들로 구성되어 있습니다. 사람을 알아보려면 먼저 그 사람의 말이 바늘 가시인지 아닌지 그것부터 알아

보아야 할 것입니다. 그런데도 전갈에 대해 알아볼 필요가 있겠어요?" 이 글이 저에게 가장 인상이 깊었던 글귀입니다. 이 글귀에는 많은 의미가 담겨져 있는 것 같습니다.

인간이 대화 몇 마디만 해 보면 그 사람의 성격과 인성 등 다양한 걸 알 수 있습니다. 저는 사람들이랑 대화를 할 때 부모님에게는 아주 신경질적으로 얘기해 왔습니다. 친구들과 얘기를 할 때에는 욕이 먼저 튀어나오고 입에 담지 못할 욕설을 하며 친구들과 대화를 해 왔습니다. 그러던 어느 날 제 주위에는 아무도 남아 있지 않았습니다.

부모님께서는 저에게 무관심이란 아주 무서운 것을 행사하셨고 제 주위에 친구들은 하나둘씩 다들 점점 제 곁에서 떠나가 버렸습니다. 지금 생각해 보면 내가 왜 그랬을까 라는 생각이 듭니다.

부모님에게는 왜 그렇게 신경질적으로 대했는지 모르겠습니다. 제가 이런 곳에 와 있어도 저의 합의도 봐주시고 좋은 말씀도 해 주십니다. 그런데 제가 왜 그렇게 부모님께 못된 짓을 하였는지 후회가 많이 됩니다. 이제부터는 그 누구에게도 폭언과 나쁜, 남들에게 피해가 가는 행동은 절대 두 번 다시 하지 않을 것입니다. 지금까지 이 반성문을 읽어 주셔서 감사합니다.

반성문

- 사건번호: 2018노○○○
- 사건명: 상해
- 수번: ○○○○
- 피고인: 김○○

존경하는 재판장님.

저는 "2018노○○○" 사건의 피고인 김○○입니다. 보안요원 근무 도중 피해자를 제압하는 과정에서 의도치 않은 결과가 나온 것에 대해 피해자와 피해자 가족에게 죄송합니다. 보안요원으로써 올바르지 못한 방법으로 사고를 키운 것에 구치소에서 후회하며 반성 중입니다.

그 당시 저는 투숙객 안전만을 신경 쓰고 피해자의 상태는 전혀 배려하지 못했습니다. 어리석게 경찰이 올 때까지 무조건 버티며 막는 게 제 직무상 해야 하는 거라 생각했고 그 과정에서 취한 제 행동들이 과격하고 위험한 행동이었습니다. 저의 어리석고 단순했던 행동으로 결국 피해자와 그 가족들에게 큰 고통을 드린 것에 대해 용서를 구합니다.

하지만 재판장님, 피해자 행동의 제약이 필요했던 급박한 상황과 보안요원으로써 직무상 피할 수 없었던 제 입장을 고려하여 주셔서 선처를 부탁드립니다. 지금 다니고 있었던 보안요원 일뿐만 아니라 KTX 열차 커피 판매원, 마트 시식 도우미, 공장, 공사장 등 과거부터 지금까지 최선을 다하며 성실하게 살아왔습니다.

그 외 사회생활하면서 불법을 저지른 적도 없었으며 직장 쉬는 날마다 어머니가 운영하시는 세탁소를 도와드리며 살고 있었습니다. 이번에 선처해 주신다면 그동안 해 왔던 비정규직, 계약직 직장들에서 벗어나 정부 정책에서 진행되는 "청년취업 성공 패키지"의 도움을 받고자 합니다(15세~만 34세). 그래서 중소기업 정규직 취직에 노력을 다하려고 합니다.

다시는 대기업 하청업체 직원으로 월급 120만 원~130만 원 월급 받으며 이용당하고 싶지 않습니다. 또한 이 사건이 일어나고 구속되어 있는 저를 변치 않고 믿어 주는 가족, 친구들, 여러 지인들에게 감사하며 그동안 제가 얼마나 행복하게 살았는지 깨달았습니다. 재판장님, 이번 사고에 올바른 대처를 못한 저에게 한 번만 기회를 주시길 간곡히 부탁드립니다. 마지막으로 피해자와 가족 분들에게 용서를 구합니다.

2018. ○. ○. 피고인 김○○

반성문

- 사건번호: 2018노○○○
- 사건명: 횡령
- 수번: ○○○
- 피고인: 오○○

존경하는 재판장님, 벌써 무더운 한여름입니다.

제가 갖는 반성의 시간에는 더위도 어쩔 수 없는 것 같습니다. 밤에도 더위로 잠이 오지 않는 요즈음, 다른 이들은 덥다고 짜증내지만 저는 더위조차 사랑할 수 있는 법을 깨닫게 된 것 같습니다. 여기에서 살아가는 동안 해야 할 일과 해서는 안 되는 일 등을 정리해 보는 뜻 깊은 시간을 갖게 되었습니다. 이제는 온전히 깨끗하고 맑고 투명한 사람으로 다시 태어나길 원했던 그만큼의 타고난 재능과 소명은 아니더라도, 정말 많이 순화된 것 같습니다.

저 자신도 그렇게 느끼고 있습니다. 이는 그동안의 반성과 뉘우침을 계속한 결과라고 생각합니다. 이제는 온전히 선한 사람으로 태어나서 착한 일만 하고 선한 일만 행하며 나 자신보다 타인을 위할 줄 아는 그런 사람으로 살고 싶습니다. 그리하여 누구나 원하는 그런 선한 세상에서 아름다운 일들을 많이 베풀며 살아가고 싶습니다.

세상이 저를 괴롭힐지라도, 혹은 유혹할지라도 결단코 선한 마음을 버리지 않겠습니다. 앞으로 죄의 유혹에 빠져들지 않도록 몸단속을 잘하게 해 달라고 두 손 모아 간곡히 기도드리고 저 자신 또한 다짐하겠습니다.

반성문

- 사건번호: 2017노○○○
- 사건명: 마약투약
- 수번: ○○○
- 피고인: 오○○

존경하는 재판장님,

잘못과 용서를 빌어도 제가 한 범죄에 대해서 책임을 져야 한다는 사실을 잘 알고 있습니다. 그 책임에 대해서는 열심히 수용생활을 하면서, 더욱 성숙한 모습으로 살고 있습니다. 저는 현재 이곳 구치소에서 타 수용자보다 더 열심히 규칙적이고 자제하면서 모범이 되는 수용생활을 하고 있고, 저의 몸과 마음은 더 건강해졌습니다. 그리고 이곳에서 꾸준히 심리 치료를 받으면서 재활과 갱생의 삶을 살고 있습니다.

존경하는 재판장님, 정말 뻔뻔하게 보이시겠지만, 저는 앞으로 약을 안 할 자신이 있습니다. 물론 제가 힘들었던 그 시기에 또 다시 약에 손을 대었던 적이 있었습니다만, 이제는 다시는 안 할 자신이 있습니다. 저는 과거 마약 관련으로 집행유예의 선처를 받았었습니다.

물론 그 집행유예기간에는 저는 약의 유혹에 빠지지 않고 잘 살았었습니다. 집행유예가 끝나고 나자 다시 약에 손을 대었던 이유가 당시에는 무엇인지 잘 몰랐지만, 이제는 심리치료를 받으면서 명확히 알게 되었습니다. 그 이유는 바로 불안함이었습니다. 그리고 그 불안함을 이제 극복할 수 있습니다. 핑계이겠지만, 저는 과거 도박 중독치료 프로그램에 참여한 사실이 있습니다. 그러나 제가 게을러 그 치료가 꾸준히 지속되지는 못했습니다.

결국 이는 또 하나의 실수로 이어지게 되었고, 그 후에는 마약에 손을 대기까지 이르렀습니다. 그러나 사회에 나간다면 한국마약퇴치운동본부의 재활프로그램 도움을 받아 완전히 마약과는 멀어질 것을 다짐하고 있습니다. 정말 열심히 살아가겠습니다. 저에게 기회가 주어진다면, 이를 전환점으로 삼겠습니다. 그리고 제가 주위 사람들로부터 받은 사랑을 아무런 조건 없이 누군가에게 주는 소중한 삶을 살겠습니다. 감사합니다.

반성문

- **사건번호**: 2018노○○○
- **사건명**: 준강간
- **수번**: ○○○○
- **피고인**: 홍○○

존경하는 재판장님,

이곳에서 생활한 지도 벌써 반년이라는 시간이 흘렀습니다. 너무나 죄송하고 또 죄송하다는 말씀을 드립니다. 저의 잘못으로 인해 많은 사람들이 고통받고 저의 잘못으로 인해 많은 사람들이 가슴 아파했을 것을 생각하면 정말 무릎 꿇고 엎드려 두 손 모아 죄송하다는 말씀을 올립니다.

반성과 참회의 시간으로 하루를 보내며 아침, 점심, 저녁 하루 세 끼 식사를 다 하는 것도 사치라 생각하여 하루 한 끼만 먹던 적도 있었지만 그런 종류의 반성이 아닌 가슴에서 절절히 우러나오는 심장이 터질 것 같은 반성이어야 하기에 오늘도 마음속에 흐르는 눈물을 훔쳐 냅니다. 반복되는 반성과 참회가 나를 성숙시키고 나를 새롭게 태어나게 해 준다면 깊은 반성과 참회로 하루를 보내고 또다시 깊은 반성과 참회로 새로운 하루를 맞이할 것입니다.

다시 태어난 것처럼 새로운 삶을 살게 될 저에게 물론 기대도 큽니다. 가장 기초적이고 마치 갓난아기의 생각처럼 단순하게 착한 것만을 바라보며 선한 일만 행할 것입니다. 욕심을 버리고 초심의 심정으로 오직 나를 위한 일이 아닌, 남을 위한 그런 일, 나 자신을 희생하는 그런 일을 할 것입니다. 그리하여 모든 사람들이 행복해지길 두 손 모아 기도 드립니다.

어머님, 아버님께.

불볕더위가 기승을 부리네요. 건강하게 잘 지내시는지요. 저는 요즘에도 새벽 ○시 ○분이면 기상하여 새벽기도로 하루를 시작합니다. 단조로운 삶이지만 이 안에서 무엇인가를 찾아내려 노력하는 중입니다. 진심으로 죄송한 마음에 저녁 식사를 안 먹는 단식도 해 보았고 가슴 깊이 뉘우치며 반성하는 일과로 하루를 보냅니다. 부디 가정의 평화와 건강과 행복이 항상 이루어지길 간절히 기도드립니다.

2018. ○. ○. 아들 홍○○ 올림

반성문

- 사건번호: 2017노○○○○
- 사건명: 특정경제범죄가중처벌법위반(배임)
- 수번: ○○○○
- 피고인: 박○○

존경하는 재판장님!

추운 날씨가 온몸을 움츠리게 하는 겨울이 지나가고 따뜻한 봄이 찾아왔습니다. 14개월 넘게 수감 생활하고 있는 피고인 ○○○○번 박○○입니다.

재판장님! 1심에서 형 5년을 받고 2심에 재판 중입니다. 오랜 시간 반성하면서 지내고 있는 피고인의 마음과 그리고 수감생활이 오래된 지금은 사랑하는 아내와 사랑하는 두 딸이 나에게 정말 소중하다는 것을 이제야 깨닫고 느끼게 되었습니다. 재판장님께 명확하게 전달되어지기를 바라면서 반성문을 제출합니다.

존경하는 재판장님!

피고인은 현재 감당하기조차 힘든 1심에서 5년의 징역형을 받아 놓고 도

무지 잠을 이룰 수 없을 정도로 힘이 듭니다. 지난 삶을 돌이켜보면서 이제야 후회하고 있습니다. 세상은 정직하고 바르게 살아야 된다는 것을 늦은 나이에 알게 되어 아픔과 고통은 두 배, 세 배 더해 옴을 느끼고 있습니다.

존경하는 재판장님!

현재 '정신과 처방, 신경안정제, 혈압약 그리고 전립선 약'을 구치소에서 매일매일 복용하는 피고인의 건강 상태가 너무 좋지 않아 약을 먹지 않으면 잠을 이루지 못하고 불안에 떨며 정상적인 생활이 어렵습니다. 한 가장의 구속으로 인하여 생계가 곤란하고 있다는 아내의 말을 접견 때 전해 듣고 피고인은 바로 지난주에 피고인의 여러 지인들이 찾아와 넣어 준 소중한 영치금을 이곳 구치소에서 아내에게 생활비로 보내 주었습니다. 가족 생계에 너무도 괴롭고 걱정이 되어서 눈물만 흘리고 있습니다.

재판장님! 이와 같은 피고인의 건강 상태를 헤아리고 살펴 주셔서 재판장님의 선처를 눈물로 호소 드리며 꼭 부탁드립니다.

존경하는 재판장님!

피고인은 현재 5년이란 무서운 형량 앞에서 무릎 꿇고 뉘우치고 있습니다. 어느 누구라도 원망하는 마음도 모두 다 지우며 반성하고 있습니다. 너무도 가혹한 형량 앞에서 피고인의 심정은 이루 말할 수 없이 타들어 감을 생생하게 느끼고 있습니다.

존경하는 재판장님!

모든 재판에서도 인정이 있다고들 합니다. 이번 사건으로 볼 때 재판장님의 가혹한 형벌보다는 보다 너그러이 타이르는 것도 일벌에 속한다고 생각합니다.

존경하는 재판장님!

피고인은 재판장님에게 모든 것을 맡기고 있습니다. 재판장님! 너그러운 마음으로 용서해 주십시오. 집에 있는 사랑하는 아내와 사랑하는 두 딸을 생각하면 눈물이 쏟아집니다. 한 가정을 보살펴 주시고 너그러운 판결을 바랍니다. 재판장님의 현재보다 미래에 밝은 날이 항상 되어 주길 기도하겠습니다. 고맙습니다.

반성문

- **사건번호:** 2017고합○○○, ○○○(병합)
- **사건명:** 횡령 및 사기
- **수번:** ○○○
- **피고인:** 고○○

    존경하는 재판장님, 사람이 자신의 잘못을 솔직하게 인정하는 것도 용기라고 했습니다. 저는 저의 실수를 인정하는 바입니다. 다만 실수를 통해서 배움이 없을까 두려울 뿐입니다. 소위 전문가도 수많은 시행착오를 통해서 경지에 오른 사람이 되듯이 이번 사건이 저의 남은 삶에 충분한 자양분이 될 수 있기를 바라는 마음입니다.

    저는 연구개발의 중간보고와 완료보고를 허위로 한 기망행위에 대하여 깊이 뉘우치고 있습니다. 그러나 처음부터 연구개발을 할 의도가 없었거나 개발할 능력이 없었던 것은 아닙니다. 「할 생각이 있었고 능력이 있었기 때문에 개발을 할 수 있었습니다.」 2013년 당시 ○○○○공사는 ○○국 ＊＊＊＊＊社의 ○○S만 충족을 할 수 있는 조건으로 구매 설계도를 작성하여 ○○생산기지의 ○○ 탱크에 ○○S를 설치하고 있었습니다. 이는 첨단 기술이나 지식기반 산업의 특성상 시장을 선점한 회사가 시장을 독식하는 '승자독식(Winner take all)'의 현상이 적용되고 있었습니다.

평가에서 '우수'판정을 받으면 개발 선정품으로 지정되어, ○○○○공사에서 의무구매가 가능한 점을 활용하여 외산 ＊＊＊＊＊＊社의 시장 독점을 막으려고 했습니다. 또한 ○월 ○일 증인 심문에서 보고를 드린 바와 같이 ○○S 판매가 회사 매출의 전부였던 상황에서 회사의 운영을 위해서는 ○○S의 판매를 계속할 수밖에 없었고, 비싼 ○○S의 원가 절감을 위해서는 ○○S 확장을 고려한 개발을 할 수밖에 없었습니다.

연구 개발 초기에 비싼 ○○S 구하기 어려웠던 상황도 있었습니다. 그러나 이것은 연구개발 목표에 부합하는 개발이 되지 못했음을 인정하며 저의 잘못을 뼈저리게 반성을 합니다. 1,800만 원의 용역비와 기술 소유권 갈등으로 ○○○과의 협조 관계가 안 되었지만, 개발 이후 ○○○과 기술 종속 관계를 고려했을 때, 독자 개발로 새롭게 방향을 설정하여 계속 개발을 한 것은 전화위복이었습니다. 비록 연구 개발 종료일이 지나서 시제품을 완성했지만 선진국이 독점하고 있던 기술의 한계를 극복하고 결국 개발에 성공한 점을 재판장님의 양형에 참작해 주시기를 간절히 바랍니다.

○○S 기술은 선진국의 일부 회사만 독점하고 있는 복합 첨단 기술입니다. 광고학, 물리학, 전자공학, 소프트웨어, 기구설계 기술이 복합된 어려운 기술을 국산화에 성공했다는 점을 기특하게 보아 주세요. 또한 저의 전 재산을 처분하여 업무상 횡령과 사기에 대하여 빠른 시일 내에 변제를 하고 재판부에 보고 드리겠습니다.

존경하는 재판장님, 교도소에 처음 입소했을 때는 어떤 낯선 운명이 저를 둘러싸는 느낌이었습니다. 삶이 가져다 주는 실망과 좌절, 죄책감에 잠을 이룰 수 없었습니다. 그러나 법의 테두리 안에서 저의 삶을 되돌아보는 수행의 시간이 되기로 마음을 먹었습니다. 저의 마음과 몸이 세상을 만나서 불편한 곳, 이 교도소가 반성의 수행처라고 생각을 했습니다. 지난 6개월여 동안 많은 깨달음이 있었습니다. "저는 실패한 것이 아니라 실수를 한 것이고, 그 실수가 남은 저의 삶에 큰 자양분이 될 것"이라는 깨달음이었습니다. 인생의 전환점은 행복했을 때보다 힘들고 어려움을 당하거나 궁지에 몰렸을 때라고 합니다. 저는 이곳에서 내면이 많이 성장했고 시간을 헛되이 보내지 않았습니다.

존경하는 재판장님, 어떤 이는 삶 속의 아픔을 '극복'해야 한다고 말합니다. 그러나 저는 '치유'의 대상이라 생각합니다. 모든 것이 저의 잘못이고 잘못된 판단과 욕심에서 비롯되었습니다. 부디 저의 아픔 뒤에 우뚝 서 있는 '사랑과 관용'의 사도가 되어 주세요. 제가 그동안 꿈꿔왔던 선진기업문화, 더불어 나누면서 살아가는 세상, 사회적 약자에 대한 매출 1% 범위의 기부행위가 양의 탈을 쓴 늑대가 아니었음을 헤아려 주십시오.

매일 새벽 11명의 직원과 그 가족의 안위를 걱정하면서 가장과 팔순 노모를 둔 아들의 역할을 제대로 하지 못하는 아픔을 부디 보듬어 주시기 바랍니다. 회사로 돌아가서 개발 완성된 ○○○○○을 해외 수출하는 데 있어서 장애물을 넘어 나갈 수 있도록 기회를 주시기 바랍니다.

하루가 다르게 변하고 있는 4차 산업혁명을 준비하여 중소기업의 경쟁력 향상과 국가 경제에 이바지할 수 있도록 도와주세요. 완전히 상용화하여 판매 중인 ○○○○○이 외산 제품과 당당히 경쟁하여 고용을 창출하고 국가 시설물의 장치로 안전을 책임질 수 있도록 도와주십시오. 저의 한 몸이 구속되어 있는 것보다 사회에 나가서 국가에 기여하는 것이 더욱 효율적이라고 생각하며, 반드시 그 성과를 입증시키겠습니다. 어렵고 고통스럽게 개발된 국산 ○○S가 사장되지 않고 국가 시책에 공헌을 할 수 있도록 기회를 주시기 바랍니다.

존경하는 재판장님의 지혜를 스승으로 삼아 살아갈 수 있도록 선처를 부탁드립니다. 감사합니다.

2017년 ○월 ○일 피고인 고○○ 올림

반성문

- 사건번호: 2017노○○○○
- 사건명: 뇌물수수
- 수번: ○○○○
- 피고인: 노○○

  존경하는 재판장님, 공정한 법 집행을 위해 애쓰시는 재판장님, 그리고 두 판사님께 감사드립니다. 저는 사건 〈2017노○○○○ 뇌물수수 등〉의 피고인 노○○입니다. 저는 17. ○. ○. 검찰 조사를 시작으로 바로 구속되어 재판을 받고 있습니다. 검찰 조사기간 동안 성실하게 사실을 있는 그대로 답변했습니다. 2년 전의 일이라서 바로 기억이 나지 않는 부분은 '기억이 안 난다', '모르겠다'라는 무책임한 말로 대신하지 않고, 어떻게든 최대한 기억을 해내서 성실히 검찰 조사에 임하려 노력했습니다. 그리고 기억이 나지 않아 다소 답변이 미진했던 부분은 1심 때 변호인을 통해 소명하려 최선을 다했습니다. 사실을 말했기 때문에 믿어 주시리라 생각했습니다. 오해를 풀고 싶었고 저를 믿어 주시기만을 호소했습니다.

  그런데 이러한 모습들이 1심 재판부에 그저 납득하기 어려운 변명으로 일관하고 어떻게든 빠져나가려고만 애쓰는 모습으로 비칠 줄은 몰랐습니다. 그런 의도는 정말 아니었습니다. 저의 신분이 공무원이었기 때문에 업체에 돈을 빌린 것은 그 자체가 오해받을 행동이었고 매우 부적절한 행위였습니다. 지금 이곳 구치소에서 그 당시의 행동들을 하나하나 돌이켜보니 지금이라면 감히 하지 못할 어리석은 모습이었습니다.

그때는 경마로 인한 빚에 쫓기고 정신이 없어서 판단력과 자제력을 잃었던 것 같습니다. 경마를 단순한 취미, 오락으로 가볍게 생각했던 아니 그렇게 스스로 합리화하려 했던 저를 반성합니다. 경마에 중독되어 가산을 탕진하고도 또다시 그곳을 방문하던 많은 사람들을 보면서도 정작 제 자신을 돌아보지 않은 것이 부끄럽습니다. 빚에 쫓기다가 결국 업체에까지 돈을 빌려달라고 했던 그 행위도 후회스럽고 반성합니다.

재판장님, 저는 다소 늦은 나이인 ○○세에 공직에 들어왔습니다. 저는 업체들이 헷갈려 하는 행정 문구나 절차에 대해서 친절하고 자세히 설명해주는 것을 귀찮아하지 않았습니다. 제가 규정 내에서 할 수 있는 협조를 해야 한다고 생각했습니다. 그것은 업체가 헷갈려서 또는 몰라서 피해를 입는 일이 발생하면 안 된다고 생각했기 때문입니다. 업체의 어려움을 친절하게 들어주고 규정 내에서 해결책을 찾고자 했던 것은 제가 공무원이 되어 ○○○청에서 근무하면서 항상 마음속에 품고 있었던 초심이었기 때문입니다.

결코 돈을 빌리고 나서, 돈을 빌렸기 때문에 협조적인 태도로 변한 것이 아닙니다. 그런데, 그전에는 그저 일상적인 행동들이었는데 돈을 빌리고 나서 약속한 날짜에 갚지 못하고 자꾸 미뤘던 미안한 마음에 저도 모르게 과장하고 부풀려서 문자를 보냈던 것 같습니다. 검찰 조사 그리고 1심 진행 중 그러한 내용을 접하면서 제가 보낸 것 같지도 않은 문자에 깜짝 놀랐고 너무나 부끄러워 고개를 들지 못했습니다. 그래서 검찰은 제가 업체에서 빌린 돈을 뇌물로 판단하고 저의 행동들을 모두 연관시켜 더욱더 나쁘게 보고 오해하는 것 같았습니다. 돈을 뇌물로 받고 그런 행동을 한 것이라고 판단하고 있는 것 같았습니다.

'오얏나무 아래에선 갓끈도 고쳐 매지 마라' 하였는데 이 모두 제 탓입니다. 어쨌든 저는 구구절절 변명으로밖에 안 보인다고 하더라도 1심 재판부에 저의 사정을 어떻게든 말씀드렸습니다. 정말 다행스럽고 감사한 것은 1심 재판부에서 공무원으로서의 저의 부적절한 행위를 강하게 꾸짖으셨지만 제가 업체로부터 빌렸다가 갚은 돈은 뇌물이 아니라고 판단해 주셨다는 것입니다. 그 부분만큼은 저를 믿어 주셔서 감사드리고 싶습니다.

존경하는 재판장님, 저는 이번 사건으로 구치소에 있으면서 하루하루 그동안의 일을 돌이켜 보며 처절하게 반성하며 많은 것을 깨닫고 있습니다. 이제 다시 사회에 나가더라도 공무원으로서의 생활을 더 이상 못하겠지만 무슨 일을 하든 제 자신에게, 그리고 제 가족에게 부끄러운 행동을 하지 않겠습니다. 특히 어린 두 딸에게 모범이 되는 모습으로 살아가겠습니다.

한때 공직에 있었던 사람으로서, 타인에 모범이 되는, 사회에 조금이라도 보탬이 되는 일을 하며 살아가겠습니다. 존경하는 재판장님, 비록 저의 여러 상황이나 정황이 제 말과는 다르게 보이시더라도 한 번 더 살펴봐 주시기를 간청 드립니다. 제가 드리고 싶은 말씀은 오직 그것뿐입니다. 저의 재판을 맡아 주셔서 다시 한번 감사드리며, 성실하게 재판에 임하겠습니다. 2018년부터 새롭게 다시 시작할 기회를 주시기를 간청 드리며, 새해 복 많이 받으세요.

2018. ○. ○. 피고인 노○○

반성문

- 사건번호: 2017노○○○
- 사건명: 특수준강간
- 수번: ○○○
- 피고인: 정○○

존경하는 재판장님,

저는 특수준강간죄로 인해 **교도소에 수감 중인 정○○입니다. 저는 한순간의 실수와 잘못된 행동으로 피해자와 피해자 부모님께 폐를 끼치고 말았습니다. 저로 인해 피해자와 피해자 부모님이 어디 한 곳 털어놓지 못하시고 괴로워하시고 고통을 겪는다고 생각을 하니 정말 면목 없이 너무 죄송스럽습니다.

저의 한순간의 실수와 잘못된 행동으로 인해 행복했던 가정을 큰 충격에 빠트렸다고 생각합니다. 그래서 뒤늦게 피해자와 피해자 부모님께 염치없이 용서를 구하고 있습니다. 피해자뿐만 아니라 저로 인해 고생하시는 부모님과 가족들을 생각하니 정말 너무 죄송스럽고 제 자신이 한심하고 처참하고 많은 후회를 하고 있습니다… 저 또한 이렇게 고통스럽고 괴로운데 피해자와 피해자의 부모님은 얼마나 큰 고통과 아픔을 겪으셨는지 감히 헤아릴 수 없을 정도로 힘이 드셨을 거라고 생각합니다.

저에게 기회가 있다면 피해자와 피해자 부모님께 정중하게 고개를 숙여 사죄를 드리고 싶습니다. 항상 반성하고 제 잘못을 뉘우치고 후회하며 용서를 빌고 있습니다. 존경하는 재판장님… 저에게 단 한 번의 기회를 주신다면 항상 피해자에게 사죄하는 마음으로 살 것이며 또한 이기적인 사람이 되지 않고 항상 베푸는 사람이 되고 법에 어긋나는 행동은 절대적으로 하지 않을 것입니다. 물의를 일으켜 정말 죄송합니다.

반성문

- 사건번호: 2016고합○○○
- 사건명: 마약투약 및 판매
- 수번: ○○○
- 피고인: 한○○

존경하는 재판장님,

무슨 말씀을 드려도 제가 피해자 분께 상해를 가하고 또 마약을 한 죄에 대해서 어떠한 변명이나 설명을 해도 용서받을 수 없다는 사실을 잘 알고 있습니다. 매일매일 피해자 분께 사죄하는 마음으로 이곳 수용생활을 누구보다 더 열심히 규칙적이고 자제된 모습으로 조금이나마 반성하는 모습으로 지내고 있습니다.

저런 모습이 무슨 반성이냐 하실지 모르겠지만 제가 할 수 있는 일은 피해자 분께 늘 죄송한 마음가짐과 주어진 이곳 수용생활 잘하고 지난 날 뒤돌아보면서 잘못된 성격, 말투, 습관, 행동을 고치면서 앞으로 더 좋은 사람이 될 수 있도록 인성을 쌓는 수용생활을 하고 있습니다.

존경하는 재판장님,

그렇다고 제가 지금 완전히 개선되었다는 말은 아닙니다. 하지만 한 번 더 생각할 수 있고 누군가한테는 더 배려할 수 있고 성숙한 모습이 되어 가고 있는 건 사실입니다. 이런 내용들이 확인될 수 있는 수용생활 방식은 아니지만, 제가 이곳 ○○구치소 수용기간 1년 2개월 동안 문제없이 수용생활을 하는, 구치소 직원들도 전부 인정하는 모범적인 수용자가 되어 있는 건 사실입니다. 이런 부분들이 제가 반성할 수 있는 부분이라 생각하고 열심히 생활하고 있습니다.

　존경하는 재판장님,
　그 동안 살아온 지난 세월이 너무도 많이 힘들었습니다. 모두가 제가 자초한 일이지만 또 나름 열심히 살았던 적도 있습니다. 제일 후회스러운 것은 40년 넘게 살면서 가정다운 가정도 이루지 못하고 자식 한 명 없는 게 후회스럽습니다.
　제가 행한 범죄는 용서받을 수 없겠지만 지금 변한 모습과 사회 모범 구성원이 될 수 있도록 선처 부탁드립니다. 염치없는 글인 줄도 알고 있습니다. 아주 조금만 용서해 주시면 감사하는 마음으로 꼭 필요한 사회 구성원이 되어서 열심히 살겠습니다. 늘 마음고생만 하시는 어머님은 제가 이곳에 있는 것도 모르시고 계십니다. 저도 하루 빨리 나가서 모시고 행복하게 살고 싶습니다.
　다시는 어떠한 사회적 물의나 사소한 법규도 어기지 않고 늘 솔선수범하고 저보단 더 불편한 분들께 봉사하면서 살겠습니다. 비록 이곳에서만 행하는 반성의 글이 아니라 진심으로 피해자 분께 사죄드리며 다시는 마약을 접하지 않고 열심히 살겠습니다. 돌아가신 아버님과 홀로 계신 어머님을 생각해서 더욱 노력하면서 살아가겠습니다.

다시 한번 용서를 부탁드리겠습니다. 열심히 살겠습니다.

반성문

- 사건번호: 2017고합○○○호
- 사건명: 입찰방해
- 수번: ○○○○
- 피고인: 조○○

존경하는 재판장님.

먼저 공명정대한 판결로 사회 정의를 바로 세우고 계시는 재판부의 노고에 국민의 한 사람으로 감사드립니다. 저는 ○월 ○일 심리를 앞두고 있는 조○○입니다. ○월 ○일 구속되어 약 2개월 동안 이곳 ＊＊구치소에서 수감생활을 하면서 많은 번뇌와 후회를 하였습니다. 공명심만으로 안일한 생각이 이렇게 큰 결과를 가져올 줄은 생각 못하였습니다. 사회적 물의를 일으킨 점 송구스럽게 생각합니다. 회사의 승인 절차 없이 개인성과만 생각한 나머지 권한이 없음에도 응찰한 것은 깊이 반성하고 있습니다. 그 책임으로 ○○시스템을 사직한 바 있습니다.

〈입찰 참여 경위〉

본 사건 사업의 입찰에 참여하게 된 동기는 XX기업의 담당자인 A팀장으로부터 지명 입찰 참여 제의를 두 번 연속 거절하기에는 향후 XX기업의 다른 사업 입찰에 대한 자격 박탈의 우려와 영업인으로서 고객의 확보가 중요하다는 판단이 앞섰고 회사로부터 수주 실적의 압박을 받고 있는 상황이라 성과를 올리기 위해 입찰에 참여하였습니다.

대기업인 ㅇㅇ시스템이 중소기업인 △△의 들러리로 제안에 참여하여 △△이 손쉽게 우선협상대상자가 될 수 있게 하였다고 검찰이 기소하였으나 중소기업이 대기업의 들러리로 입찰에 참여하는 것이 상식적이며, 대기업이 수주를 하면 중소기업은 하도급으로 사업에 참여하는 것이 상식입니다.

수주를 하여 실적을 올려야 하는 상황에서 굳이 △△의 들러리로 입찰에 참여해 수주를 하지 못한다면 본인에게 이 제안 참여는 아무런 의미가 없습니다.

또한 XX기업 담당자인 A팀장은 검찰진술에서 2016년 ㅇ월경 본인을 만나 단독 입찰시 유찰이라는 사항을 설명하였다고 하였으나 본인은 2015년 ㅇ월경 ㅁㅁ사업 건으로 한 두 차례 미팅을 한 이후 2016년 ㅇ월 말경 사무실 앞 커피숍에서 본 사업의 제안요청서를 배부받을 때까지 A팀장을 중간에 직접 만난 적이 없습니다.

전화상으로 사업의 참여 정도만 언급하였을 뿐 사업에 대한 자세한 언급은 없었습니다. 만약 A팀장으로부터 단독 입찰 시 유찰이라는 말을 들었다면 입찰에 임하는 업체는 필수 확인 사항이므로 대기업의 영업인으로서 제안 요청서상에 기재를 요청하였을 것이며 또한 XXXX는 제안요청서상에 적시를 하여야 맞습니다. 이번 입찰은 ㅇㅇ시스템의 제안서 제출에 상관없이 우선협상 대상자 선정에는 아무런 문제가 없습니다. 마치 ㅇㅇ시스템과의 경쟁입찰인 것처럼 가장하였다는 검찰 측의 주장은 사실 오인입니다.

입찰 금액에 관하여 약 41억 원으로 산출한 이유는 ㅇㅇ시스템은 대기업으로 인건비를 비롯하여 제경비, 기술료 등 간접비용이 상대적으로 높게 책정되어 있어 우선협상대상자로 선정이 되면 보다 많은 이익으로 회사를 설득해야 했기에 불가피하였습니다.

그럼에도 불구하고 ㅇㅇ시스템은 이번 입찰 건에 실주를 하여 XX기업으로부터 그 어떠한 재산상의 이익이 없습니다. 오히려 제안 작업에 필요한 제안인건비용, 인쇄비, 제본지 등 제반 비용을 협력사인 ◇◇와 같이 투자한 입장입니다.

본인은 △△의 김ㅇㅇ과 공모하여 피해회사를 기망하여 △△이 손쉽게 우선협상 대상자로 선정하게 하는 그 어떠한 행위도 하지 않았습니다.

존경하는 재판장님, 상식이 통하는 사회의 일원으로 하루 빨리 복귀되기를 간절히 바라오며 인생의 과오를 깊이 반성하고 있습니다. 부덕한 저 조ㅇㅇ에게 선처를 간절히 바랍니다.

2017년 ㅇ월 ㅇ일 조ㅇㅇ

반성문

- 사건번호: 2016고합○○○
- 사건명: 입찰방해
- 수번: ○○○○
- 피고인: 하○○

존경하는 재판장님.

정의로운 사회로 견인하고 계시는 재판장님의 노고에 진심으로 감사드리며 건강을 기원합니다.

저는 ○월 ○일 속행을 앞두고 있는 하○○입니다. ○월 ○일 구속되어 ○○구치소에서 수감생활을 하고 있습니다. 한순간 잘못된 제 판단으로 가족들과 주변 사람들에게 어려움과 걱정을 안겨 주게 된 점을 깊이 반성하고 있습니다.

저는 2015년 ○월 ＊＊＊기업에 경력직 영업직군으로 입사를 하였습니다. 공공부문에 팀을 이루어 팀원들과 사업 발굴 및 고객관리 등 영업의 활동들을 하여 여러 성과를 거두며 인정을 받고 회사 생활을 하였습니다. 이후 팀원들의 이직과 팀 변경으로 팀에 혼자 남은 영업으로 이내 수주실적에 부담을 느끼고 성과 올리기에 스트레스를 받게 되었습니다.

그러한 와중에 △△의 사업기회를 접하게 되었고 사업 실적의 부담과 개인적인 욕심, 그리고 고객의 확보를 위해 회사의 내부 절차를 따르지 않고 독단적인 판단으로 입찰에 참여하는 우를 범하였습니다. 영업인으로서 고객을 확보하고 회사에 이익을 가져다주겠다는 저만의 생각과는 달리 지금은 사업을 손쉽게 수주하려는 업체를 도와주었다는 오해를 받고 있습니다.

잘해 보겠다는 저의 행동이 제 자신뿐만 아니라 가족에게도 큰 피해를 주었습니다. 제 자신의 실수로 인한 수감생활로 깊이 반성을 하고 있습니다. 과거로 시간을 되돌릴 수는 없겠지만 저는 내일의 성실한 사회인이 되겠습니다.

다시는 고통받는 제 가족들을 실망시키는 일이 없도록 노력하고 다짐하겠습니다. 저로 인해 고통받고 있는 가족의 품으로 하루 빨리 돌아가기를 기대하며 재판장님의 선처를 바랍니다.

하○○

반성문

- 사건번호: 2017고합○○○
- 사건명: 변호사법위반
- 수번: ○○○○
- 피고인: 성○○

존경하는 재판장님,

피고인은 사건번호 2017고합○○○ 변호사법위반 등으로 현재 1심 재판 중인 **구치소 재감인 ○○○○번 성○○입니다. 피고인이 이렇게 몸과 마음이 구속되어 이곳 구치소에서 하루하루 반성하며 진심 어린 참회의 눈물을 흘린 지도 벌써 6개월째 접어들고 있습니다.

먼저 본인의 잘못된 행동으로 인하여 사회에 큰 물의를 일으키고 누구보다 모범을 보여야 할 피고인이 법을 위반하고 한순간의 판단 실수를 하여 적지 않은 분들께 걱정과 심려를 끼쳐드린 점 진심으로 사죄드리며 머리 숙여 용서를 빕니다. 20년간의 일선 변호사 사무장으로 재직하면서 어렵고 힘든 분들의 "교통사고 배상과 일반사건"업무를 도와 드리며 그분들의 고민과 문제를 함께 해결해 드린 일을 피고인은 적지 않은 보람과 자부심으로 여기며 생활해 왔습니다. 그러나 피고인의 한순간 잘못된 판단의 실수와 욕심으로 인하여 피고인이 이번 일을 일으키고 "브로커"라는 오명을 받게 되어 피고인은 깊은 후회와 심한 자책을 하고 있습니다.

20여 년 동안 쌓아온 피고인의 명예와 자부심은 온데간데없이 사라지고 "피고인"이라는 멍에만 남게 되어 너무도 괴롭고 심적으로 안정이 되지를 않아 힘든 나날을 보내며 진심 어린 반성의 시간을 이곳 구치소에서 가지고 있습니다.

존경하는 재판장님!

피고인이 변호사법 위반 등 죄명으로 잘못을 저질러서 피고인을 아껴주시는 사랑하는 가족과 일가친지 선후배 모두에게 고개를 들 수 없을 정도로 창피하고 면목이 없습니다. 모두 피고인의 잘못입니다. 진심으로 잘못했습니다. 죄송합니다.

피고인은 한 가족의 가장으로서 사랑하는 아내와 눈에 넣어도 아프지 않는 27세, 26세 예쁜 연년생 딸을 두고 부족함 없이 행복하고 단란한 가정생활을 꾸려 왔습니다. 그러나 피고인의 갑작스런 구속으로 인하여 가장을 대신하여 사랑하는 아내가 하루아침에 생계를 책임지고 생활을 꾸리게 되어 현재 많은 고통과 어려움을 겪고 있습니다.

가장인 피고인은 이곳 구치소에서 아내의 힘든 이야기와 어려움을 듣고 아무것도 할 수 없는 무능한 현실에 그저 눈물만 흘릴 수밖에 없어 너무도 미안하고 죄스러운 마음 가득합니다. 모두 이 못난 남편이자 아버지인 피고인의 잘못입니다. 게다가 사랑하는 두 딸은 "아빠는 언제 구치소에서 집에 와?"라고 묻는다고 합니다.

존경하는 재판장님!

피고인이 구속되어 교정시설에 수감되어 수감생활을 해 보니 피고인의 지나온 날들을 되짚어보며 돌아보게 되었으며 무엇이 문제이고 어떤 것이 잘못이었는지를 알게 되었습니다.

흔히 '감방'이라고 말하는 이곳 거실에서 ○명과 생활하는 비좁고 힘겨운 일상생활을 통하여 그동안 피고인이 아무렇지 않게 누리고 느껴온 모든 것들이 얼마나 중요하고 간절한지를 어렵지 않게 깨달을 수 있었습니다.

'자유'의 소중함을 느낄 수 있었습니다. 그 중요함과 간절함은 아무리 강조해도 지나치지 않을 정도입니다. 피고인은 현재 구속되기 전부터 지병인 '우울증, 고혈압, 공황장애 등'으로 적지 않은 고통과 극심한 어려움으로 약을 복용하며 투병생활을 하고 있습니다. 그중에 '우울증'은 병세가 심각하여 '신경 안정제'를 매일 저녁 8시에 복용하지 않으면 너무도 불안하고 답답하여 잠을 도저히 이루지 못할 정도로 병세가 심각합니다. 그저 죽고 싶다는 마음만 가득합니다.

그러나 이 모든 것이 피고인의 잘못과 실수하는 것을 너무도 잘 인지하고 있기에 어떻게든 이겨보려고 무진 애를 쓰며 용기 내어 생활하며 힘을 내고 있습니다. 피고인이 참 어리석게도 이번 일이 벌어질 당시 피고인의 행동과 다른 공동정범에게 부탁 등이 위법 사실인 줄을 전혀 모르고, 인지하지 못하였다는 사실에 피고인은 한없는 자책과 후회를 함께 하고 있습니다.

변호사 사무장으로서 20여 년 동안을 재직하여 법을 잘 알고 그 누구보다 법을 잘 지켜야 하며 모범을 보여야 함에도 이런 어처구니없고 용서받지 못할 행동을 하여 진심으로 사죄드리며 거듭 용서를 빌 뿐입니다. 피고인이 진심으로 잘못했습니다.

　존경하는 재판장님!
　이번 실수를 교훈 삼아 피고인은 앞으로 어떠한 일이 있더라도 불법의 유혹에 흔들리지 않고 법의 테두리 안에서 준법정신을 항시 잊지 않고 바르게 살아가겠습니다. '브로커'라는 씻을 수 없는 오명을 두 번 다시는 듣지 않도록 피나는 노력과 결심으로 법을 지키며 올바르게 생활해 나가겠습니다. 피고인의 굳은 의지와 다짐을 존경하는 재판장님께 감히 약속드리겠습니다.
　마지막으로 이번 일로 인하여 사회에 물의를 일으키고 많은 분들께 걱정과 심려를 끼쳐 드린 점 거듭 사죄의 말씀과 진심 어린 용서를 구하며 깊은 반성의 말씀을 함께 올립니다. 피고인이 진심으로 잘못했습니다.

　존경하는 재판장님의 무궁한 발전을 기원하며 피고인의 두서없는 반성문을 마치겠습니다. 고맙습니다.

2017년 ○월 ○○일
○○구치소 수번○○○○ 성○○올림

반성문

- 사건번호: 2017고합○○○
- 사건명: 변호사법위반
- 수번: ○ ○ ○ ○
- 피고인: 강○○

존경하는 재판장님께.

수개월의 구속기간을 점철해 왔습니다. 피고인에게 있어 오늘의 현실은 당연한 결과의 산물일 것입니다. 가족과의 이별, 사회와의 격리, 자유의 억압 등 겪어야 할 고통이 힘들고 견디어 내기 어렵지만, 고통받아야 하는 이유가 분명했고, 분노하는 사회로부터 격리되어야 하는 이유가 뚜렷했기에 죄 지은 당사자로서 겪어야 할 고통도 너무나 분명했습니다.

사회로부터 자유는 박탈당했고 사회로부터 격리된 저의 현재에 대해서도 감내해야 하지만 과거를 버리고 현재를 극복하며 내일은 어떻게 살아갈 것인가에 대한 것들을 조련해 내는 삶을 영위하고 있습니다. 어찌 보면 억압된 것이 아니라 억압으로부터 느껴지는 고통이 저의 죄를 씻을 수 있는 길이라고 생각하면서 반성을 하고 있습니다.

이 피고의 척박하기만 했던 지난 과오에 대해서 참회를 하면서 죄지은 사람으로서의 제한 때문에 자유로울 수 없는 한 저의 굴곡진 오늘의 이 시련이 피고인의 내일엔 떳떳한 아빠이자 남편으로 거듭되어지는 성장의 고통이라고 생각하고 있습니다. 그 때문에 현재의 고통이라는 긴 터널을 통과하면서 생기는 아픔이나 어려운 고난들은 내일의 견고함을 보장해 주리라 믿습니다.

존경하는 재판장님,

수사과정에서 진실을 말하기보단 감추고 싶었던 속내도 갖고 있었습니다. 제가 자백하는 모든 것이 죄가 됨을 알기에 숨기고 싶었습니다. 어떤 이유를 대서라도 피해 보고 싶은 마음이 있었습니다. 또한 그들을 자백함에 있어 그들도 아빠이자 남편인 것을 알기에 한 가정을 송두리째 망가트리는 것을 알기에 더욱더 죄책감 아닌 죄책감으로 숨기고 싶었습니다.

제가 지은 죄를 감추고 싶었고 오랫동안 알고 지낸 이들도 감추어 주고 싶었습니다. 무서웠습니다. 내가 갇혀 있는 세월은 누가 보장해 줄 것인가? 그들에 대한 원망은 어찌 감당할 것인가? 밀고자가 된 나를 누가 사람으로 볼 것이며 이런 내가 앞으로 사회생활을 할 수 있을까? 대단한 경제력을 갖고 있는 것도 아니고 내가 전과자로, 밀고자로 전락되어진 후 펼쳐지는 결과는 어떻게 될까?

그런 암울한 생각들이 인간 강○○의 인생은 그 자체로 끝이라는 두려움이 저의 양심을 가로 막기도 했습니다. 이러한 저의 심란한 마음을 동요케한 사람이 바로 저의 아내였습니다. 당신과 같이 생활할 수 있는 시간들이 좋다고만 생각지는 않는다. 그 시간의 세월들이 오욕스럽고 치사한 것으로부터 얻어지는 행복이라면 그것을 진정한 행복이라고 생각하지 않는다는 아내의 솔직한 충고, 죄지은 것만큼 오래 있으리라는 말은 차마 할 수 없지만, 두려움을 걷어내고, 죄 지은 사람으로서 구원받을 수 있는 길은 있는 사실대로의 진실을 말하고 자수하며 용서를 구하는 것이라고 말해 주던 아내의 진실어린 제안에 저는 각오를 했습니다.

오래도록 만날 수 없음으로 인한 서러움이나 아픔은 이겨 낼 수 있을 터이니 비굴한 남편을 두었다는 서글픔으로 눈물을 흘리는 일은 없었으면 싶다는 나의 아내의 간절한 호소는 가혹하고 야속하고 원망스럽기도 했지만 저는 결심했습니다. 자수를 하였고 진실을 말했습니다. 기억나는 모든 것을 진실된 마음으로 수사에 임했습니다.

그러나 사실은 자신만의 공간에 쭈그려 앉아 울고만 있을 것이 너무나도 뻔한 아내의 통곡은 저의 가슴을 찢었고, 아내의 눈물어린 비련을 생각지 않을 수 없었습니다. 그저 평범한 보통 사람에 지나지 않았던 인간 강ㅇㅇ가 어쩌다 이 같은 위법행위를 했는지 모르겠습니다.

너무나 후회스럽고 저 자신이 원망스럽습니다. 높은 경제의식이 있었던 것도 아니고 이 시대의 어느 사람들처럼 사회의식이 확고한 것도 아니었던 그저 대중적이기만 했던 평범하기 짝이 없는 젊은이에 불과했습니다. 이 사건으로 하여 여러 사람이 아파했을 것입니다.

이 사회에 저는 한없이 부끄러운 사람입니다. 단 한 번도 억울하다는 생각을 해 본 바 없습니다. 오직 뉘우침만이 있을 뿐입니다. 제가 지은 죄에 대한 반성만이 저를 고통의 늪에서 벗어날 수 있게 했습니다. 이 죄로 인해 저의 인생행로가 저의 운명을 바꾸어 놓았고 또 이로 인하여 나의 사랑하는 가족들에게는 평생을 부채의식을 갖고 살아가야 할 것입니다.

이 사건에 대해 회개하고 늦게나마 저의 앞길을 올바르게 갈 수 있도록 안내해 준 아내와 이 사건의 수사검사님과 수사관님에게 진심으로 감사드립니다.

존경하는 재판장님,

어떻게 해서든 추락되어진 저의 가정의 위기를 극복해야 합니다. 다시 거듭나고 싶습니다. 저를 밀고자라고 경멸하거나 멸시되지 않았으면 합니다. 한 인간이 참혹한 비극으로 끝나고 마는 인생이 아니기를 원합니다.

저의 몇 년 전 이 사건이 시작된 지난날에 대해 회고해 봤습니다. 정상의 사회에서 비정상의 행위를 했던 강○○의 죄가 이 사회의 정의를 누더기조각으로 만들었습니다. 이 사회에서 반칙을 했습니다. 이 사회에서 변칙을 했습니다.

이런 반칙과 변칙이 난무하는 그 생활에서 벗어나고 싶었습니다. 모든 것을 자르고 새로운 삶을 시작했습니다. 예전에 비해 줄어든 수입, 몇 배로 힘들어지던 일들, 하지만 새로운 삶을 시작하면서 더없이 많이 웃었습니다.

우리 아이들과 아내에게 떳떳하였고, 누구에게 머리를 숙일 필요도 없었습니다. 브로커라고 손가락질 받지도 않았습니다. 그렇지만 과거의 죄가 씻기지 않음을 알고 있습니다.

존경하는 재판장님,

원칙의 기초 위에서 정상의 삶을 살아가겠다고 다짐하며 새로운 삶을 시작했던 피고의 노력을 보아 주십시오, 모든 것을 털어버리고 두 딸 앞에 떳떳이 서고픈 아빠의 몸부림을 보아 주십시오.

이 못난 남편을 응원해 주고 이 시련을 가녀린 몸으로 모두 버티고 있는 저의 아내의 절규를 들어주십시오. 떳떳하고 당당한 아빠와 남편으로 거듭 나겠습니다. 이 피고에게 살아갈 수 있는 재기의 힘을 주시기를 간절히 기원하며 이 반성문을 가늠코자 합니다.

피고인 강○○ 올림.

반성문

- 사건번호: 2017고합○○
- 사건명: 특정경제범죄가중처벌법위반(횡령)
- 수번: ○○○
- 피고인: 소○○

　존경하는 재판장님, ＊＊교도소에 수감 중인 소○○입니다. 지난 1년 1개월 동안 지금까지 반성하고 반성하여 잘못한 것에 후회하며 살아가고 있습니다. 이 고통의 순간이 언제 끝날지 모르지만 희망의 끈을 놓지 않고 두 손을 꼭 잡고 매일 기도하고 잘못한 부분을 뉘우치며 지내고 있습니다.

　존경하는 재판장님, 저는 오로지 성공하겠다는 일념으로 지금까지 단 하루도 쉬지 않고 성실히 살아온 세 자녀를 둔 평범한 가장입니다. 새벽에는 야채 장사부터 밤 12시까지 일을 하며 365일 쉬지 않고 살아온 세 자녀의 아빠입니다. 모든 성공의 목적은 홀로 되신 어머님을 편히 모시고자 했던 마음이었습니다.

　하지만, 회사의 경영악화와 개인적인 사업 확장 욕심이 비롯되어 투자자들의 피해가 생기게 되었고, 그것도 모자라 사랑하는 아내와 누님의 모든 재산을 날리게 되었으며 두 사람에게 연대보증을 서게 하여 파산까지 하게 하였습니다. 하물며 회사를 살리고자 어머니의 집도, 어머니의 폐물까지도 팔아 회사에 투입하기까지 하였습니다. 그로 인해 어머니께서는 단 백만 원도 없는 상황이 되었고, 갈 곳이나 주무실 곳도 없는 처지가 되어 매일매일 눈물로 지새우시고 계십니다. 세 자녀는 어떻게 지내고 있는지 모르는 참혹한 현실이 되었습니다.

모든 생활비를 저 혼자 맡았기 때문에 저의 식구들은 저 하나만 바라보고 살아왔습니다. 제가 하는 일을 믿었기에, 누님과 어머님의 모든 재산을 저에게 주셨고 회사를 다시 일으켜 세우기를 간절히 바라셨습니다. 어머니는 당신의 다리 수술비용까지도 제게 주실 정도로 회사를 다시 일으켜 세울 것을 간절히 바라셨습니다. 하지만 제가 구속되는 것과 동시에 모든 것은 무너져 버리고 말았습니다. 어머니께서는 다리 수술을 못하시어 그 통증이 허리까지 전이되어 걷기도 힘든 상황까지 이르게 되셨습니다.

존경하는 재판장님, 죄를 지었으면 벌을 받아야 하는 것은 당연하다고 생각합니다. 저 역시 죄를 인정하고 재판장님께서 내려주시는 벌을 겸허히 받아들이며 반성하고 회개하여 살도록 하겠습니다. 그래야 사회에 나가서도 떳떳하게 다시 시작할 수 있을 테니까요. 겸허히 받겠습니다.

존경하는 재판장님, 이 교도소에서 1년 1개월 동안 갇혀 있으면서, 사회에서 해결할 수 있었더라면 이보다는 피해가 적었을 것이라는 아쉽고 안타까웠던 일들이 너무나도 많았습니다. 제 고의적으로 사기칠 거였다면, 식구들의 연대보증도, 은행대출도, 어머니의 집과 모든 재산도 투입하지 않앉을 것입니다. 모든 것이 돈에 관련된 일들이었고 돈 때문에 이곳에 들어왔고, 돈이 해결되었다면 교도소에 들어올 일이 없었겠지요.

하지만 교도소에 들어와서 받지 못한 돈이 9억 원이고, 본인 건물을 지킬 수 있었고, 그 건물로 피해자 분들과 해결할 수 있었던 상황이었음에도 불구하고 해결하지 못하는 상황도 있었음을 참고해 주시기를 바랍니다. 지금도 포기하지 않고 합의를 하기 위해 최선을 다하고 있습니다. 죄를 지은 못난 자식으로 인해 머무를 곳도 없으신 어머니를 생각하면, 매일매일 눈물이 앞을 가립니다.

존경하는 재판장님, 저는 절대 횡령하지 않았으며 개인의 쾌락을 위해 단 만 원도 헛되이 사용치 않았습니다. 하지만 저로 인해 피해자 분들이 계심에 진심으로 사죄드리고 싶습니다. 피해보상에 대해서는 농산물 시장에서 일을 하였던 경험을 토대로 새벽부터 늦은 밤까지 열심히 일을 하여 새롭게 다시 시작하여 피해보상을 해 드리도록 하겠습니다. 그래서 매달 버는 급여의 70%는 빚을 갚는 곳에 사용하도록 하겠습니다.

존경하는 재판장님, 수용번호 ○○○○이 아닌 소○○이라는 이름으로 다시 시작하여 피해자 분들에게 원금 손실을 꼭 갚도록 하겠습니다. 하루라도 빨리 변제할 수 있도록 최선을 다하겠습니다. 그리하여 피해자 분들에게 "갚아줘서 고맙다"라는 말을 듣도록 하겠습니다.

존경하는 재판장님, 아빠 오기만을 간절히 기다리고 있는 세 자녀들을 봐서라도 용서해 주시기를 간절히 구합니다. 하루 급히 수술을 하셔야 하는 어머니를 봐서라도 용서해 주시기를 간절히 바랍니다. 수술을 못하시면 평생 불구로 사셔야 하실 수도 있습니다. 너그럽고 존경하는 재판장님께서 진심으로 용서를 구하고 있는 저를 용서해 주시기를 간절히 소망합니다.

존경하는 재판장님, 다시 초심으로 돌아가서 피해자 분들에게 피해보상을 꼭 할 수 있도록 하겠습니다. 너그럽고 자비로우신 재판장님께서 한 번만 기회를 주신다면 피해자들을 위해 평생도록 피해를 갚아가며 성실히 살도록 하겠습니다.

부디 선처를 부탁드립니다. 진심으로 반성합니다.

반성문

- 사건번호: 2017고합○○○
- 사건명: 사기 및 산업재해보상보험법위반
- 수번: ○ ○ ○ ○
- 피고인: 이○○

존경하는 재판장님,

바깥세상과의 단절은 흐르는 세월조차도 느낄 수가 없었습니다. 이제라고 해야 할지, 벌써라고 해야 할지 가늠이 잘 서지 않을 정도로 현재의 피고 심정은 피폐하기만 합니다. 어렴풋이나마 영어의 몸이 되기 전의 생활들을 그리워하며 너무나 오랜 시간 동안 단절된 세월은 비단 저 혼자만을 가두는 것이 아니라 저의 주변 모두의 인연들과도 단절된 듯싶습니다.

이곳은 서릿발처럼 차고 예리한 송곳들만 저를 감싸고 있을 뿐 저를 따스하게 안아 줄 온정을 찾기 어려운 곳이기에 가족과 지인들의 온정이 더욱더 사무치게 그립습니다.

존경하는 재판장님,

이 피고가 지은 죄에 대하여 뭐라고 변명할 여지는 단 하나도 존재하지 않습니다. 반성과 참회, 그리고 저를 지지해 준 가족과 주변지인들, 산재 보험 업무 관련하여 종사하는 모든 분들에게 향한 용서만을 갈구하고 있습니다. 저의 지난날들이 너무나 견고하지 못했고, 욕심만 앞섰습니다. 열심히 살아보겠다고 시작했지만 결국엔 여러 사람들에게 못할 노릇만 시키고 말았습니다.

선명한 세상을 원했지만 저에게는 예상치 못한 것들로 불행을 맞아야 했습니다. 생각지도 못한 방향에서 날아온 불행들이 저 자신의 삶을 풍비박산시키고 어떻게 살아가야 할까? 노심초사해야만 하는 신세가 되었습니다. 저의 삶은 여전히 불투명하기만 합니다. 시골 출신의 가진 것 없이 자란 저는 출세하고 싶었고 부자가 되고자 했습니다. 죄인일 수밖에 없고, 당분간의 죄인이어서 해야 하는 사슬의 굴레를 벗어날 수 없을 것입니다.

밖에 있는 가족들 그리고 지인들은 저에게 묻습니다. "언제가 되려는가? 나오는 시기가…" 이러한 물음에 망연자실해야 했고 견딜 수 없는 서글픔으로 흐르는 눈물을 주체할 수가 없었습니다.

세상을 올곧게 살겠다는 잣대와 저울을 들이댈 때도 있었을 만큼 정도의 생활을 해 왔습니다. 지금의 처지에선 모두가 허망한 것이 되고 말았지만, 사회의 모든 영역이 그렇듯 옳고 그름을 재단하면서 살아간다는 게 쉽지만은 않았습니다. 그러나 이제는 계량하면서 살아 갈 것입니다.

저의 현실에 따라서 삶의 질서가 달라져야 한다고 생각을 했습니다. 그냥 소박한 마음을 갖고, 우리 가족들의 삶에서 비바람을 피할 수 있는 공간이면 행복할 것이고, 몸을 움직이는데 불편함이 없이 건강만 해 준다면 그 자체가 행복일 것이라는 생각을 하고 있습니다. 제가 가야 할, 아니 돌아가야 할 자리는 기울어져 가는 기운이 역력했습니다. 그 모습을 연상하면 영

락없는 패잔병일 뿐입니다. 언제 어디서 흘러간 유행가 한 가락만 새어나
와도 눈물이 나곤 합니다.

　존경하는 재판장님,
　이 가련한 피고에게 희망을 열어 주시기를 바랍니다. 다시는 이와 같은
범행을 하지 않겠다는 것을 맹세하겠습니다. 가족에게 두 번 다시 그리움
과 이별의 고통을 주지 않겠습니다. 아빠가 오기만을 간절히 기다리며, 병
마와 싸우고 있는 가엽디 가여운 제 큰아이 "이○○"과 태어난 후 아빠의
손길 한번 느껴보지 못한 채 처음으로 불러보는 "아빠"를 창살 사이로 해
야 하는 막내 "이○○", 이 모든 힘듦을 혼자 짊어지게 한 못난 남편을 단
한 번의 원망도 않은 채 사랑으로 감싸며 힘이 되어 주는 제 아내 "한○
○", 이런 저희 가족에게 살아갈 수 있는 재기의 희망을 주시기를 간절히
기원합니다.

2017년 ○월 ○일
피고인 이○○ 올림

재판장님 귀중

반성문

- 사건번호: 2017고합○○○
- 사건명: 특정경제범죄가중처벌법위반(횡령)
- 수번: ○○○○
- 피고인: 고○○

존경하는 재판장님,

지금의 이 고통과 시련을 운명이나 숙명이라고 생각하지는 않습니다. 이 시련의 굴절은 누구의 탓, 또 다른 사람들의 잘못 때문도 아닙니다. 오직 저 스스로가 잘못했고, 저 스스로 선택한 일이라는 것은 부정할 수 없는 사실입니다.

굴곡되어짐이 컸던 만큼, 그 굴곡된 길들을 다듬어 가는 데 저의 향후 생활을 정진하도록 하겠습니다. 이 길만이 또 제가 선택할 수 있는 죄인으로서의 수순이라는 것을 모르지 않습니다.

존경하는 재판장님,

지금 생각하면 아주 찰나의 순간에 잘못된 판단이 업보처럼 저를 울부짖게 하고 있습니다. 이 잘못의 뿌리에는 고○○이 있다는 것도 부정하지 않습니다. 이 잘못의 중심에 고ㅇㅇ이 활동하여 위법행위를 했다는 것도 부정하지 않습니다. 때문에 피고는 이 사건의 재판에서 구구한 변명이 아니라 참회와 반성으로 일관하고 있습니다.

사회적 관점에서의 비판, 경제적 관점에서의 냉소적 반응이 더 두렵고 무서운 자책감이 드는 것도 인내하여 수용해야 할 저의 몫으로 생각하고 있습니다. 제가 잘못한 만큼의 받아야 할 죗값을 치러야 할 것입니다. 옹색하거나 궁색하게 구걸 없는 행동을 하지 않겠다는 것이 죄를 지은 자로서의 양심이라고 생각하고 있습니다.

제가 버린 것들 또 버려야 할 것들에 대해서도 이제는 피고에게 주어진 권한이나 선택이 아니라 이제는 저 스스로가 버림받을 대상이 되었다는 서글픔으로 애잔해야 할 처지에 있습니다.

저 스스로가 사회로부터 내동댕이쳐져 있는 허망의 공간에서 지탱할 수 있는 것은 오직 가족들의 무한한 신뢰와 믿음이라는 것도 이번 구속을 통해서 알 수 있었습니다. 저의 이러한 현실에 대해 오매불망하는 저의 가족들의 처절함과 저의 미래를 동반하겠다고 인내하는 ㅇㅇㅇ직원들의 기다림이 있습니다. 저 하나에 목을 맨 채 기다림을 맹세한 질긴 인연에 저는 숙연할 수밖에 없었습니다.

기다림에 지친다 하더라도 그 길을 외면하지 않겠다는 제 아내의 고단함, 기다려 달라고 하는 애절한 호소에 대하여 당신을 사랑하여 기다리는 것이 아니라 당신의 못난 인생을 거둘 수밖에 없는 자신의 운명 때문이라며 떠나지 않는 아내의 고마움에 대하여 저는 확신하여 다짐했습니다.

저의 죄에 대하여 밀어닥치는 시련과 처단의 고통을 외면하지 않고 견디어내겠습니다. 이 피고 고ㅇㅇ의 내일이 어찌 될 것임을 안다고 할 수는 없을 것입니다. 수형생활을 시작하면서 아마도 저의 끝자락을 보지 않았나 싶습니다.

이것을 두려워해야 할지, 그렇다고 다행이다 여겨야 할지에 대해서도 판단이 서지 않았습니다. 저의 아내는 이 피고의 가는 길에 끝이 아니라, 희망의 길을 봤을 것이며 그 길이 거친 길이 아니라 다듬어진 길이라고 믿고 저를 기다린다고 하지는 않았을 것입니다. 저의 시련, 저의 고통, 저의 값싼 나머지 인생에 대해서도 나누어 지고 가겠다는 동반의 선택이었다는 것입니다.

존경하는 재판장님,

이제 저는 피고로서의 지난 과거는 과감하게 털어낼 것입니다. 다수의 사람들이 정직하게 살아가기 때문에 이 사회가 유지될 수 있다는 당연한 진실 앞에 부응하면서 살아가겠습니다. 제가 살고 있는 이 도시에서, 또 살아가야 할 이 사회에서 비판의 대상되어 주목받는 일은 절대 하지 않을 것입니다.

저와 같은 사회의 터전에서 살고 있을 저의 가족들의 이름으로 맹세하건대 다시는 부끄럽지도 지탄받을 일을 하지 않을 것입니다. 사회에 나가도 괜찮겠다는 명분이 저에게 주어질 그때를 기다리면서 그 시간이 바로 고○○이 새롭게 태어나는 날이라는 것을 믿어 마지 않겠습니다.

2017년 ○월 ○일
피고인 고○○ 올림

반성문

- 사건번호: 2017고합○○○
- 사건명: 특정경제범죄가중처벌법위반(횡령)
- 수번: ○○○
- 피고인: 권○○

　존경하는 재판장님,

　무엇 하나 소중하지 않을 게 없다는 것을 이번 구속기간을 통해 느꼈습니다. 나보다는 아내와 자식, 나보다는 나의 가족의 안녕이 중요하다는 것을 왜 몰랐을까를 후회하면서 이 사회와 유기되어 고통을 받는 삶이 얼마나 힘겨운지를 깨닫고 또 참회하는 마음으로 저의 죄에 대해 반성하고 있습니다.

　존경하는 재판장님,

　저는 이제 살아온 여정보다는 살아가야 할 날이 많다고 할 수는 없습니다. 그럼에도 불구하고 저는 해야 할 일이 너무 많습니다. 나의 사랑하는 자식들의 미래, 사랑하는 아내에 궁핍한 생활을 해결해 주어야 할 처지에 있지만 어느 것 하나 제대로 된 게 없습니다.

가장인 저의 부재가 몰고 왔을 세찬 상처들이 나 혼자의 고통으로 끝나는 게 아니라 저의 가족 전체의 고통으로 다가오고 있다는 게 무엇보다 괴롭습니다. 어쩌면 징역을 사는 것 때문에 느끼는 고통에 더하여 도저히 견디어 낼 수 없는 것은 저의 가족들의 비통함입니다. 아내와 자식들을 생각하는 그 자체가 괴로움이고 서글픔이 왈칵 밀려드는 것을 주체할 수가 없어서 하염없는 눈물을 흘릴 때가 한두 번이 아니었습니다.

아내는 아내대로 당하는 고통이 저와는 비교가 안 될 정도일 것을 모르지 않아 생각만 해도 불쌍하고 가엽기만 합니다. 이 같은 마디마디마다서 저려오는 아픔이 누구의 뜻이라고 할 수 없는 죄인으로서의 심정에 결박을 당해 고통스러운 것 이상으로 마음이 아팠을 아내의 고통은 차라리 제가 대신 할 수 없는 것이어서 미안하고 죄스럽기만 합니다. 이 모든 것이 저의 위법한 행동에서 비롯된 것이라는 자책감 속에서 하루하루를 반성하면서 생활하고 있습니다.

말로만 전해 듣던 피눈물이라는 게 이런 것이구나 하는 현실 속에서도 견딜 수 있는 것은 한 가닥의 희망이 있기 때문입니다. 사회에 나갔을 때 다시는 죄를 짓지 않겠다는 다짐이 저를 강하게 만들었고 나에게는 나를 기다려 준 가족이 있다는 설렘들이 저의 고통을 견디게 합니다.

존경하는 재판장님,

피고로서, 죄 지은 자로서 무슨 할 말이 있겠습니까? 그럼에도 불구하고 존경하는 재판장님에게 간청하고 싶은 말이 있습니다. 비록 죄를 짓고 그 책임을 다하기 위해 구속되어 있는 것이지만 이 피고에게 용기와 희망을 주십시오. 세상을 바로 볼 수 있는 정도의 삶을 살아갈 수 있는 지혜도 저에게는 필요합니다.

열심히 살아가겠다는 것을 맹세로써 다짐을 하겠습니다. 다시는 죄를 짓지 않겠다는 것을 나의 가정을 행복하게 할 자신이 있다는 말로 맹세를 대신하고자 합니다. 지금까지의 삶이 비록 일천한 것이었다고 해도 이제는 사람으로서의 도리를 다하고자 합니다. 한 여자의 남편으로서, 두 딸아이의 아버지로서 충실하지 않았던 모든 것을 이번 기회를 통해 바로잡아 살겠습니다.

저의 죄에 대하여 진심으로 반성을 하고 있습니다. 선처와 관용으로서 저의 죄에 대하여 용서를 하여 주시기를 바랍니다. 다시는 패배자의 길을 가지 않겠습니다. 다시는 굴욕적이고 비굴한 삶을 살지 않겠습니다. 회개하면서 지난날들에 대한 반성을 통해서 어떻게 살아갈 것인가 하는 나름대로의 계획을 설정하고 열심히 살아가겠습니다.

○○대의 시대를 맞는 이 피고가 그 무엇도 없이 알몸으로 다시 생활하고자 하는 각오로 내일을 준비하고 있습니다. 앞으로 도래하는 저의 삶에 어두운 것이든, 밝은 것이든 간에 있는 그대로의 운명에 순응하면서 열심히 살아가겠습니다.

2017년 ○월 ○○일
피고인 권○○

반성문

- 사건번호: 2017고합○○○
- 사건명: 강제추행
- 수번: ○○○○
- 피고인: 이○○

존경하는 재판장님,

물같이 흐르는 것이 세월이라고는 하지만 이 시련의 생활을 해 온 지도 7개월을 넘기고 있습니다.

존경하는 재판장님,

단란하고 화목했던 가정이 피고의 비참한 현실 앞에서 단 7개월도 견디지 못한 채 무참하고 무력하게 무너져 내리는 것을 지켜보면서 이 피고가 겪고 있는 고통과 허무함은 이루 말할 수 없습니다.

저에겐 어머니와 같은 할머님이 계셨습니다. 어릴 적 부모님이 이혼을 하셨고, 저의 유년시절은 어머니가 아닌 할머니와 함께 보냈습니다. 할머니와 함께 보낸 시간이 많기에 더욱더 할머니 이상의 존재셨습니다. 할머니도 많은 손자들 중에 유독 저희 남매를, 그중에서도 저를 많이 아껴주시고 사랑해 주셨습니다. 그런 할머니께서 이곳에 수감된 동안 돌아가셨다는 비보를 들었습니다.

할머니에게 그 어떤 것도 못 해 드렸습니다. 작별인사도, 사랑한다고, 그 동안 키워 주셔서 감사했다고, 아무 말도 하지 못했습니다. 제가 처한 상황과 할머니의 별세 소식의 비참함에 망연자실해야 했고 견딜 수 없는 서글픔으로 몇날며칠 흐르는 눈물을 주체할 수가 없었습니다.

제 아버지께선 어머니를 잃은 슬픔에 아들의 1년 실형 소식을 듣고 할머니 묘지 앞에서 이틀 동안 눈물로 보내셨다고 합니다. 너무 힘들어 하시는 아버지를 보면서 혹여나 건강이 상할까 가족들 모두가 걱정하고 있습니다. 너무나 슬프고 참혹합니다.

이 또한 죄인이 치러야 할 죗값임을 알지만 너무나 아프고 가슴이 찢어지는 듯합니다. 눈감으실 때까지 제가 얼마나 보고 싶으셨을까를 생각하면 지금 이 순간에도 하염없이 눈물만 흐릅니다. 오지 않은 한 명의 손자를 기다리고 있을 할머니에게 하루 빨리 달려가 늦게 와서 죄송하다고 사죄드리고 싶습니다.

할머니를 잃은 슬픔이 채 가시기도 전에 딸아이의 병환소식까지 듣게 되었습니다. 손발이 떨리고 온몸이 마비가 되는 듯했습니다. 이 가혹한 현실이 꿈처럼 느껴졌습니다. 현실이라고 하기엔 너무나 비참함의 연속이었습니다. 딸아이는 수술까지 해야 한다고 합니다.

그 어린 것이 아빠 없이 겪을 무서움을 생각하니 가슴이 타들어가는 듯합니다. 아비로서 그 어떤 것도 해 줄 수 없는, 하다못해 힘내라고 무서워 말라고 말 한마디, 목소리 한 번 들려줄 수 없는 이 참혹한 현실에 답답함과 무력함이 죄인의 가슴을 짓누르고 있습니다.

딸아이가 무서움에 아빠를 간절히 부르고 있다 합니다. 딸아이의 간절한 그리움이 원망으로 바뀔까 두렵습니다. 저의 죄로 인해 이 악몽 같은 현실이 파생되어 이 지경에 이르는 것이 아닌가 하는 자책과 자괴감에 미안함과 두려움으로 숨쉬기조차 힘든 하루를 보내고 있습니다.

저희 가족의 악몽은 끝이 아니었습니다. 이 모든 상황을 옆에서 지켜보면서 힘들어하시던 장모님의 암 의심 진단 소식까지 들려왔습니다. 이곳에 들어올 당시 누구보다도 따뜻하게 안아 주셨던 사위도 아들이라며 이 죄인의 죄를 더욱더 큰 사랑으로 덮어 주셨던 어머니이십니다.

누구보다도 많이 저를 위해 헌신적으로 기도해 주셨고, 누구보다도 많이 저를 그리워하고 계십니다. 그런 저로 인해 병이 온 듯해 큰 자책감에 빠져 있습니다. 받은 큰사랑 다 갚지는 못할지라도 병마와 싸워야 하는 어머니 옆에서 힘이 되어 드리고 싶습니다.

이 못난 가장이자 아들의 불효를 끊을 수 있게 도와주십시오. 부모로서 자식으로서 아무것도 할 수 없음도 이 역시 제가 지은 죄에 대한 죗값임을 너무나 잘 알고 있습니다. 저의 욕심 때문에 저의 무지 때문에 겪고 있을 우리 가족의 고통을 생각하며 후회와 반성 회개하며 눈물로 하루하루를 보내고 있습니다.

이 모든 고통과 아픔의 현실을 핏덩이를 들쳐 업고 가녀린 몸으로 모두 견디고 있을 제 처를 생각하면 걱정과 안쓰러움에 어찌해야 할지 답답한 심정입니다. 쓰러지는 것이 아닌지 모든 걸 포기하는 것은 아닌지 너무나 걱정되고 두렵습니다. 이 악몽이 여기서 끝이 아닐까 두렵습니다.

하지만 국민으로서 지켜야 할 사회구성원으로서 가져야 할 준법의식, 이러한 가치관들을 송두리째 저버린 저의 책임입니다. 현재 악몽 같은 현실은 부정과 원망으로 보내지 않겠습니다. 반성의 자세를 게을리 하지 않겠습니다. 저의 인생사에서 다시는 이런 일이 되풀이 되어서는 안 됨을 절실히 알기에 강한 의지를 갖고 죄에 대한 깊은 반성을 하겠습니다.

존경하는 재판장님,

저의 이 불행한 운명의 끝이 결국엔 그토록 아름답게 지키고자 했던 가정이 파멸될까 두렵습니다. 저희 가족을 지킬 수 있게 도와주십시오. 제 딸 아이의 울부짖음을 귀 기울여 주십시오. 장모님의 고통을 나눌 수 있게 도와주십시오. 제 아내의 절망이 희망이 될 수 있게 도와주십시오.

이 자체가 저에게는 성찰이고, 반성이며, 참회라는 것을 알았습니다. 죄인으로서, 못난 남편, 못난 아빠, 못난 자식으로서 가졌던 자괴감을 버리고 어려운 이 현실에서 성취된 것들을 자산으로 삼아 열심히 살아가겠습니다.

제가 이 사회에서 부패하였던 만큼의 눈물겨운 세월을 아름다움으로 승화시켜 희망의 미래를 가져갈 수 있도록 이 피고에게 이 피고의 가족에게 용기와 희망의 관용을 베풀어 주시기를 두 손 모아 간절히 바라고 바라보며 이 반성문을 가늠코자 합니다.

2017년 ○월 ○일
피고인: 이○○

반성문

- 사건번호: 2017고합○○○
- 사건명: 성폭력범죄의처벌등에관한특례법위반(카메라촬영)
- 수번: ○○○○
- 피고인: 정○○

존경하는 재판장님,

정의로운 사회로 견인하고 계시는 재판장님의 노고에 진심으로 감사드립니다. 저는 ○월 ○일 재판을 앞두고 있는 정○○입니다.

이곳 **구치소에 수감된 지 3개월이 다 되어 갑니다. 가족의 품으로 하루빨리 돌아가 행복하게 하루하루를 보내고 싶은 마음이 굴뚝같습니다. 제가 이곳에 있음으로 힘들어하는 아내를 생각하면 저도 모르게 눈물이 흐릅니다.

한 가정의 가장으로서, 한 직장의 직원으로서 좀 더 잘해 보고자 하는 마음이 이런 아픔을 가지고 올지 생각하지 못했습니다. 이러한 연유로 염치 불구하고 재판장님께 반성문을 올립니다.

수감생활을 하는 3개월 동안 많은 생각을 하였습니다. 매일 만나고 대화하는 가족의 소중함을 절실히 느끼고 있습니다. 저의 부재로 아내 홀로 경제적으로 정신적으로 가정을 책임지고 있어 가장으로서 미안한 마음과 힘들게 생활하고 있을 아내를 생각하면 가슴이 저며 옵니다. 이제껏 살아오면서 가족의 따뜻한 정을 그리워한 때가 없는 것 같습니다.

　구속되어 수감생활을 하는 동안 정신적으로 육체적으로 힘든 시간을 보내며 하루하루 깊이 반성하며 지내고 있습니다. 과거로 시간을 되돌릴 수는 없겠지만 저는 내일의 성실한 사회인으로 가정에 충실한 가장이 되도록 노력하겠습니다. 이러한 감정들과 상황들은 앞으로 제가 살아가며 다른 범죄의 유혹에 빠지지 않도록 방패 역할을 해 줄 것입니다. 그리고 이를 발판 삼아 더욱 법을 준수하는 삶을 살겠습니다.

　다시는 저로 인해 가족들을 힘들게 하거나 실망시키지 않음을 다짐합니다. 진지하고 깊이 있게 반성하고 있음을 알아 주셨으면 합니다. 저로 인해 고통받고 있을 사랑하는 가족의 품으로 하루빨리 돌아가기를 바라며 재판장님의 선처를 부탁드립니다.

정○○ 배상

반성문

- 사건번호: 2017고합○ ○ ○
- 사건명: 사기
- 수번: ○ ○ ○ ○
- 피고인: 고○ ○

무늬 없는 하얀 방에 말없이 앉아 있습니다.

오랜만에 찾아온 변호사와 접견을 기다리고 있습니다. ○월에 이 ＊＊구치소에 구속된 후 ○월에 이어 두 번째 심리를 기다리고, ○월 초가을이 성큼 다가온 것을 새삼 놀랍니다. 요동치며 속에서 울부짖던 제 심정이 그 동안 과거를 돌아보며 이제는 한결 마음을 다잡고, 다시는 그런 욕심으로 얼룩진 후회스런 그리고 어리석은 과오를 저지르지 않으리라 다짐을 하고 있습니다. 세상에는 중요한 것이 많고, 그 순서도 있을진대 어리석은 저의 과오가 원망스럽고 후회스럽습니다.

아내가 매일 화상 접견을 하러 옵니다. ○월부터 ○월 지금까지 한결같이 오고 있습니다. 저의 잘못으로 인해 사랑하는 아내가 지쳐 가며, 핼쑥한 얼굴을 보면 더욱더 제 잘못의 회한이 밀려옵니다. 접견하던 딸로부터 '엄마 얼굴에서 미소를 수개월째 볼 수 없다.'는 걱정스런 염려의 말을 전해 듣고, 과거 우울증이 다시 재발한 것이 아닌지, 마음이 걱정됩니다. 이 모두 저의 잘못으로 인한 연유이나 아내가 베란다 앞으로 걸어가 서 있는 모습을 생각하면 섬뜩하여 식은땀이 흐르고, 마음이 답답하게 조여 옵니다. 눈물로 지내는 아내를 보듬어 주고 싶은 마음이 한가득입니다.

얼마 전 아내로부터 제가 다니던 회사로부터 퇴직처리가 되었다는 공문을 받은 것을 전해 들었습니다. 이제는 아내가 경제적인 짐까지 져야 하는 상황에 처한 처지가 되었습니다. 27년간 전업 주부로만 알뜰히 살림을 하고 지내온 아내에게 이제 월 지출과 생활비를 벌어 마련해야 하는 바깥으로 내모는 제 자신이 너무 원망스럽습니다. 부모님과 장모님께 보내드리던 생활비도 막연히 끊기니 부모님의 어려움과 걱정하시는 수심 깊은 얼굴이 그려져서 마음이 어두워지고 답답하기만 해옵니다.

자연스럽게 저에게 주어졌던 행복들, 주변을 둘러싸고 있던 그리고 손을 뻗으면 닿을 만큼 가까웠던 행복은 이미 나에게 주어졌다가 멀어지고 말았습니다. 제가 법과 원칙을 지키고, 고집스럽게 고수하며 욕심 없이 살았더라면⋯하는 뼈저리는 후회만이 남았습니다.

그래도 지금의 모든 것을 다시 시작하게 하는 출발점으로 알고 감사하겠습니다. 지금은 수인의 모습이지만 가족과의 재회를 그리고 가슴에 안고 위로할 때를 기다리며, 행복을 찾아 다시 시작하는 작은 소망을 가져 봅니다.

존경하는 재판장님의 선처를 조심스럽게 구합니다.

2017년 ○○월 ○○일 죄인 고○○ 올림

반성문

- 사건번호: 2018노○○○
- 사건명: 마약투약
- 수번: ○○○○
- 피고인: 박○○

존경하는 재판장님,

저는 오늘도 저의 잘못에 대해 가슴 깊이 반성하고 뼈저리게 뉘우치며 하루를 시작합니다. 제가 할 수 있는 일이 아침에 일어나 새벽기도로 사죄하고 하루 종일 반성하지만 매일 매일이 새롭습니다. 반성도 구태의연해져서는 안 된다고 생각합니다. 제가 할 수 있는 최선의 최대한의 그런 반성이어야 하기에 오늘도 조용히 숨을 고르며 반성을 합니다. 그리고 새로 태어나려고 노력을 합니다.

담배를 안 피운 지도 7개월이 넘었습니다. 담배 생각이 나지 않는 것으로 봐서는 제 몸 속의 니코틴이 다 빠져나간 것 같습니다. 제 몸 속에서 니코틴이 빠져나간 것처럼 제 영혼에서 나쁜 기운들이 모조리 빠져 나가고 선한 기운으로 가득 채워졌으면 하는 바램입니다. 그렇게만 된다면 새로 태어난 것과 같은 결과이기 때문입니다.

그래서 선한 사람, 선한 일만 할 줄 아는 그런 착한 사람이 되고 싶습니다. 하루하루가 지나고 계절이 바뀌는 것처럼 저의 인생도 변화가 올 것입니다. 제 인생의 주인공은 저이기에 제 인생은 제가 바꾸어야 한다고 생각합니다.

"착한 사람으로 다시 태어날 수 있도록 도와주세요", 오늘도 소리 죽여 기도합니다.

2018. ○. ○○.

피고인 박○○

반성문

- 사건번호: 2016노○○○
- 사건명: 사기(보이스피싱) 및 범죄단체조직
- 수번: ○○○○
- 피고인: 김○○

존경하는 재판장님,

오늘도 저는 저의 잘못된 행동으로 인해 고통받으셨던 분들에게 진심으로 죄송하고 저의 그릇된 행동을 가슴 깊이 반성하며 뼈저리게 뉘우칩니다. 제가 정말 진실로 참회의 눈물을 흘릴 때 저 자신을 용서해 줄 수 있다고 그런 제가 저를 용서해 주는 것이 우선일 것입니다. 그렇지만 저는 감히 그렇게 할 수가 없습니다.

오직 참회하고 반성할 뿐 용서를 바라지도 그렇게 해서도 안 되는 오직 무릎 꿇고 두 손 모아 반성하는 그런 사람이고 싶습니다. 반성과 참회의 시간들이 영글어 열매 맺는 타인의 고통이 치유되는 그런 순간들이 오기만을 기다립니다. 그래서 저는 오늘도 기도드립니다. 정말 정말 제 자신을 사랑하게 해달라고 저를 아는 모든 이들이 행복하게 해달라고 저의 지난날의 과오로 인해 고통받으셨던 분들에게 행복과 기쁨과 환희가 오게 해달라고 무릎 꿇고 두 손 모아 기도드립니다.

　저의 소원이 저의 기도가 이루어지리라고 저는 믿습니다. 또한 저 자신도 새롭게 태어날 것입니다. 이 믿음이 변치 않게 도와달라고 다시 한번 간절히 기도드립니다.

2017. ○. ○○.

피고인 김○○

반성문

- 사건번호: 2017노○○○
- 사건명: 특수준강간
- 수번: ○○○
- 피고인: 오○○

존경하는 재판장님. 저는 특수준강간죄로 ＊＊교도소에 수감 중인 오○○입니다. 저는 피해자에게 잊을 수 없는 고통을 남겨 주고 말았습니다. 저로 인해 피해자와 피해자 부모님이 큰 상처와 고통을 받으시고 얼마나 괴로우셨을지 상상조차 하기 힘들 정도로 죄송스럽습니다.

저는 이곳에 있는 동안 많은 반성을 하고 제 자신을 돌이켜보았습니다. 정말 해서는 안 되는 행동이고 다시는 하지 말아야 하는 행동입니다. 저는 진심으로 깊이 반성을 하고 있고 잘못을 뉘우치고 있습니다. 피해자와 피해자 부모님께 진심으로 사죄를 드리고 싶습니다. 조금이나마 제가 지은 죄에 대하여 깊이 반성하고 죄책감을 가지고 피해자에게 항상 사죄하는 마음과 조금이나마 더 반성을 하는 마음을 조금이라도 알아주셨음 하는 마음으로 이렇게 반성문을 씁니다.

다시는 이런 일이 없도록 할 것이며 항상 반성하는 마음으로 살 것입니다. 존경하는 재판장님, 제 잘못을 진심으로 뉘우치고 있습니다. 이번 한 번만 저를 용서해 주신다면 약한 자들을 도와주며 도덕적인 사람이 될 것입니다. 성실하고 배려하고 봉사하며 이 나라의 피해를 끼치지 않는 착한 사람이 되겠습니다. 정말 깊이 반성하고 잘못을 뉘우치고 후회하고 있습니다. 정말 죄송합니다.

반성문

- 사건번호: 2017고합○○○
- 사건명: 변호사법위반등
- 수번: ○○○○
- 피고인: 최○○

존경하는 재판장님!

사건 2017고합○○○ 변호사법위반등으로 구속 수감되어 있는 피고인 최○○입니다. 피고인은 한겨울 ○월 초에 구속되어 시간이 흘러서 또 한 겨울을 향해서 가는 계절입니다. 재판장님께 건강과 행운이 함께하시길 멀리서나마 못난 피고인이 기도하겠습니다.

존경하는 재판장님!

피고인은 자유를 구속당하는 것은 사람으로서는 안 되는 일임을 구속이 되어 인생의 참을 알게 되고 깨닫게 되었습니다. 자유가 없다는 것은 인생에서 그 무엇도 의미가 없다는 것을 알고 나서 법을 왜 지켜야 하는지를 알게 되었습니다. 지금의 과오를 두 번 다시는 반복되지 않는 삶으로 최선을 다해 굳은 마음으로 살아가겠습니다.

존경하는 재판장님!

　사람은 실수를 할 수 있다고 생각을 합니다. 그 실수에 대해 잘못을 어떻게 인지하고 반복되지 않게 살아가느냐가 더 중요함을 알았으니 지난 피고의 잘못된 점을 앞으로 남은 삶을 살아갈 피고인에게 많은 깨달음과 좋은 밑거름이 될 것이라 피고인 확실히 장담을 합니다. 이번 실수를 교훈 삼아 피고인은 앞으로 어떠한 일이 있더라도 어떠한 불법의 유혹에 넘어가지 않고 법안에서 올바른 정신으로 항상 잊지 않고 바르게 살아가겠습니다.

　존경하는 재판장님!

　피고인은 구속되기 전부터 지병인 '우울증' '고혈압' '전립선'이 현재 조금 더 악화되어 극심한 어려움으로 약을 복용하면서 투병생활을 하고 있습니다. 재판장님 진심으로 잘못했습니다. 용서해 주십시오.

　존경하는 재판장님!

　마지막으로 이번 일로 인하여 피고인 잘못으로 사회에 물의를 일으킨 점 거듭 사죄의 말씀과 용서를 구하며 피고인 진심으로 잘못했습니다. 존경하는 재판장님의 무궁한 발전을 기원합니다. 반성문을 마치겠습니다. 고맙습니다.

2017. ○. ○○.

○○구치소 재감인 최○○ 올림

반성문

- 사건번호: 2017고합○○○
- 사건명: 상해치사
- 수번: ○ ○ ○ ○
- 피고인: 박○○

지금까지 겪어왔던 경험이나 가지고 있던 지식으로 이번 사고에 대해 적절한 대응을 못한 것에 깊이 반성합니다. 객실 재침입 의도와 피해자의 난동 행위들, 대화 불가능한 피해자 상태에 저는 지원 오기 전에 제압에서 빠져나가려 한 피해자에게 얼굴을 가격했습니다.

어떻게든 규정대로 밖으로 내보내려는 상황에서 통제 불가능 상태로 변하자 잘못된 판단과 생각으로 올바르지 못한 행동을 하였습니다. 그 당시 저는 투숙객층 재침입을 더 이상 허용하기 어렵다고 생각했고 피해자 행동 예측을 할 수 없는 상황에서 경찰 오기 전까지는 제압해야겠다는 생각으로 팀장님과 제압을 시작했습니다. 또한 제압 후 피해자의 두 손을 잡아 두는 행동이 나중에 큰 문제가 될지 생각을 미처 하지 못했습니다.

시시각각 변하는 상황에서 저는 보안요원으로 최선이라고 했던 행동이 도리어 피해자가 최종적으로 사망하게 된 것에 머리 숙여 사죄드립니다.

조사받기 전에 피해자 상태와 상황을 알지 못했습니다.

경찰 2차 조사부터 죄명이 변하면서 무슨 요인으로 피해자 사망이라는 것도 알 수 없었습니다. 경찰 2차 조사 때부터 시작된 압박 조사와 수많은 유도 질문에 정신이 피폐하고 혼란스러웠습니다. 제가 때려 죽였다고 압박이 들어왔고 저는 그 당시 사인이 정확히 나올 때까지 믿을 수 없다고 했습니다. 그 이후 구속 실질심사에서 영장 신청서 내용에 받아들이기 어려운 부분이 많아서 심사 때 반박하였지만 구속 되었습니다.

상해치사 죄명으로 구속은 저에게는 처음 겪는 상황에 지치고 두려웠습니다. 유치장 8일 있는 동안 적응하지 못했고 제 생각을 정리하기 힘들었습니다. 구치소로 이송되고 그날 저녁 바로 검사, 조사관 1차 조사 받았습니다. 제 의견 어필하기 전에 피해자 가족 탄원서 보여주면서 계속 추궁 당하며 끝났습니다.

그 다음날 바로 검사 2차 조사를 받았습니다. 2차 조사 때 오전부터 피해자의 행동과 제 행동에 다르게 해석하며 계속 충돌이 있었습니다. 피해자 방문이 투숙 목적이 아니라는 점에서 영상과 증언들이 있는데도 불구하고 충돌이 심했고 피해자가 스스로 나갈 의지가 있었다는 주장에 저는 27F상황과 31F에서 피해자가 눌렀다던 E/V 버튼 불 안 들어오는 영상을 지적하며 의견을 제시했지만 인정하지 못한다는 태도와 발언으로 절 미치게 만들고 감정을 다스리기 힘들었습니다.

오후에는 피해자의 이상행위와 공격한 것은 정당하게 해석하시고 제 얼굴 가격은 나쁜 의도, 감정 등 주장하면서 많은 충돌이 있었습니다. 이 과정까지 이미 전 지치고 많이 몰려있는 상황에서 변호사가 다른 재판 일로 인해 일찍 돌아갔고 저는 변호사 없는 상태와 감정도 제어하기 힘든 상태에서 제가 제압 후 두 손 잡은 행동에 대해 의견 충돌이 심했습니다. 제가 두 손 잡은 행동은 호흡방해를 하였다고, 저 때문에 죽은 것이고 제가 한 발언들은 반성하는 자세가 있냐며 2시간 넘게 이 문제로 계속 충돌하였습니다.

오전부터 시작해서 저녁 식사도 건너뛰며 조사받으면서 정신 상태는 제정신도 아니었고 지치고 감정 제어도 안 되었습니다. 그러면서 전 인정해 버렸고 검사 조사 과정 부분에 대해서 판사님께서 이해해 주시길 간곡히 바랍니다. 흉부압박질식사에 대해 저는 호흡 방해 의도는 없었고 난폭하게 공격하는 피해자를 막기 위해 두 손을 잡으려고 한 행동이었습니다. 경찰조사, 검찰조사 때 저에 대한 제 의견 제 행동의도에 대해 아무도 제대로 들어주지 않았습니다.

이 사건에 대해서 제가 한 얼굴가격과 두 손을 잡은 행동은 보안요원으로써 경찰이 올 때까지 투숙객에게 피해를 막기 위함이며 피해자를 사망케 할 의도는 없었습니다. 저의 업무상 투숙객 안전이 우선이었고 피해자에게 나쁜 의도나 감정이 없었다는 것에 제 진심을 알아주시길 바랍니다.

제압과정 경찰 팀장, CCTV 주임 등 모두 업무상 처리과정에서 일어난 일이라고 했으며 누구 하나 피해자 위험한 상태를 인지하기 힘들었습니다. 지금 생각하면 피해자를 다른 방법으로 제압하고 때리더라도 맞고 버텼어야 했다는 아쉬움도 있습니다. 제가 올바른 제압방법을 알지 못했고 제압도구 및 인원도 부족했습니다만 그 과정에서 최선의 행동이었습니다.

조금이라도 신경을 썼더라면 이 상황까지 오지 않았을 테지만… 피해자 가족에게 기회가 된다면 사죄드리고 싶습니다.

마지막으로 존경하는 재판장님, 저는 보안요원 근무하기 전에 다른 일터에서 사고를 낸 적이 없으며 어디든 최선을 다해 근무를 했습니다. 또한 경찰 조사나 벌금 범죄를 저지른 적이 없습니다. 불법행위도 하지 않고 최선을 다해 사회생활을 했으며 업무적으로 한 행동의 사고를 감안하여 처벌을 결정해 주시고 선처해 주시길 부탁드립니다.

2017. ○○. ○○.

피고인 박○○ 올림

반성문

- 사건번호: 2017고단○○○○
- 사건명: 강제추행
- 수번: ○○○○
- 피고인: 조○○

존경하는 재판장님,

저는 2017년 ○○월○○일 밤 ○시~새벽 ○시경 고소인을 강제 추행한 혐의로 고소를 당했으나, 술에 만취하여 기억이 나지 않는 상황으로 인해 수사단계에서 혐의를 인정하지 못했습니다. 잘못을 인정하지 않고 부인하는 양상으로 비춰지면서 저 자신 또한 무척 괴로웠던 게 사실입니다.

그러던 중 변호인의 도움으로 제가 기억하지 못하는 부분에 대한 고소인 진술, 참고인 진술 등 그간의 수사기록을 객관적으로 볼 수 있는 기회가 주어졌습니다. 이를 기초로 비록 기억하지 못하는 만취 상태에서 이루어졌지만 결코 정당화될 수 없는 부적절한 행위가 있었다고 판단되기에 저의 혐의사실을 모두 인정하며, 저의 잘못된 행동으로 인해 고소인과 그 가족이 느꼈을 정신적 고통에 대해 진심으로 깊이 반성하고 사죄하고 싶습니다.

저는 사건 이후 지난 8개월간의 시간 동안 그간의 제 직장생활을 되돌아보게 되었습니다. 저는 대학에서 ○○학을 전공하고 2001년 졸업한 당해 ○월부터 2017년 ○월 현재까지 3곳의 ○○사무소에서 ○○ 분야 ○○엔지니어로 일해 왔습니다. 지난 17년간의 직장생활 동안 나름 성실하게 일하며 능력을 인정받아 왔고 회식자리 등에서도 직장 동료들과 관계 또한 매우 원만했다고 자부하고 있었습니다.

그러나 이번 사건을 계기로 그 동안 회식자리에서 제가 술에 취해 비이성적인 상태로 무심코 하는 행위로 인해 타인이 그 자리에서 표현하지 않더라도 마음속으로 고통을 받을 수 있고 이러한 행위가 범죄에 해당할 수 있다는 점을 크게 깨닫게 되었습니다.

이에 사건 이후로 술자리를 가급적 피하고 있고, 특히 여직원과의 회식자리 자체는 전혀 갖고 있지 않습니다. 앞으로 남은 인생 동안에도 과음으로 인해 이러한 행위가 반복되는 일 또한 결코 발생하지 않도록 할 각오입니다.

저는 2003년 ○월에 지금의 처와 결혼하여 슬하에 3명의 남자 아이들을 두고 14년간 화목한 가정을 꾸려 나가고 있습니다. 야구를 무척 좋아하는 남자 아이들이라 어렸을 때부터 아이들과 야구를 함께 하는 시간도 많았고 저의 처는 여행을 무척 좋아하여 아이들과 함께 여행도 자주 다니면서 즐겁고 행복한 추억을 많이 간직하고 있습니다.

그러나 사건 이후 지난 8개월 동안은 가장으로서 가족을 볼 때마다 너무 부끄러운 심정이었고, 아직까지 이 사건을 알리지도 못한 채 가족과 함께 하는 시간 또한 줄어들게 되어 참담한 심경입니다.

둘째(10살)/셋째(5살) 아이들의 경우 아직은 아빠와 함께하는 시간이 꼭 필요한 남자 아이들임을 잘 알고 있고 함께 여행도 다녀야 할 나이이지만,

아이들 얼굴을 볼 때마다 생기는 죄책감으로 인해 저도 모르게 멀리하게 되는 안타까운 상황입니다.

아울러, 저는 이번 사건으로 인생을 살면서 처음 겪는 경찰조사(3회), DNA검사, 거짓말 탐지기 조사 등과 같은 여러 가지 상황과 이로 인한 자괴감, 죄책감 등으로 인해 체중이 7kg씩이나 감량된 상태이기도 합니다. 그러나 이 모든 것 또한 저의 불찰로 비롯된 것이기에 저의 책임을 통감하고 제가 감내해야 할 부분으로 생각하고 있습니다.

존경하는 판사님, 앞으로 남은 일생 동안 이번 사건과 같은 잘못된 행동이 다시는 발생하지 않도록 다시 한번 반성하며 성실하게 노력을 다할 것임을 약속드리며, 하루 빨리 정상적인 생활로 복귀하여 저의 처와 아이들, 그리고 직장 동료들에게 부끄럽지 않은 사람이 될 수 있도록 부디 선처하여 주시길 앙청 드립니다.

2017년 ○○월 ○○일

피고인 하○○

반성문

- **사건번호:** 2017고합○○○
- **사건명:** 변호사법위반
- **수번:** ○○○○
- **피고인:** 김○○

존경하는 재판장님,

피고인은 먼저 어떤 이유 여하를 막론하고 피고인의 잘못된 행동과 판단의 실수로 인하여 적지 않은 분들께 실망과 우려에 빠지게 하고 이 사회에 물의를 일으킨 점 진심으로 사죄하고 자책하며 하루하루 깊은 반성의 시간을 가지고 있습니다.

그러나 누구보다 법을 준수하며 타의 모범을 보여야 하는 일선 변호사 사무장인 피고인이 이렇게 불미스러운 일로 구속 수감 중이어서 고개 들 수 없을 정도로 창피하고 부끄럽습니다.

존경하는 재판장님!

피고인의 이러한 마음을 꼭 헤아려 주셔서 하루속히 사랑하는 가족의 품으로 돌아갈 수 있도록 선처해 주시기를 진심으로 부탁드리며 눈물로 부탁드립니다. 피고인이 이번 일로 인하여 부당하게 받은 검은 돈은 한 푼도 남김없이 내도록 하겠습니다. 존경하는 재판장님께서 정해 주시면 더 이상 아무 조건 없이 피고인의 집을 팔아서라도 반드시 정해진 날에 완납하도록 노력하겠습니다.

그 길만이 이번 잘못의 죄 값을 피고인이 용서받을 수 있다면 주저하지 낳고 그렇게 하겠습니다. 하나도 아까워하지 않고 다 내놓도록 하겠습니다. 눈물로 참회하며 반성하며 존경하는 재판장님께 거듭 약속드리겠습니다.

피고인의 짧지 않은 구속으로 인하여 현재 피고인의 가정은 너무도 힘든 고통을 받고 있습니다. 이제껏 많지는 않지만 부족하지 않은 월급으로 근검절약하며 사랑하는 가족들과 행복한 시간을 보내며 기쁜 마음으로 지내 왔습니다.

그러나 이 못난 가장의 구속으로 인하여 경제적으로 큰 어려움을 보내고 있기에 피고인은 그 죄책감에 너무도 힘들어 하다 얼마 전 그 동안 모아둔 영치금을 쪼개어 생활비로 사랑하는 아내에게 뒤늦게나마 보탬이 되라고 보내 주었습니다.

또한 이제 결혼 적령기에 들어선 사랑하는 딸에게 씻을 수 없는 잘못을 하게 되어 아버지로서 너무 부끄러워 그저 밤마다 눈물만 흘리고 있습니다. 어쩔 수 없이 결혼 계획이 연기되어 너무도 딸에게 미안하기만 합니다.

가족 생각만 하면 가슴이 먹먹해지고 뒤늦은 후회가 물밀 듯 가슴에서 올라와 정말 힘이 듭니다. 지금에 와서 후회해 보아야 소용없겠지만 끊임없는 반성과 자책만이 용서받는 길이라 여기며 이곳 구치소에서 열심히 살아가려고 이를 악물며 혼신의 힘을 다해 노력하고 있습니다.

존경하는 재판장님!

진심으로 잘못했습니다. 20여 년간 변호사 사무장으로 재직한 피고인이 뭐라 말씀드려도 용서받을 수 없겠지만 뜨거운 눈물을 밤마다 흘리며 반성하며 자책하며 후회하고 있습니다. 두 번 다시는 이러한 실수를 하지 않도록 이를 악물며 다짐하고 또 다짐하겠습니다.

피고인이 위에서 말씀 올린 고혈압, 신경안정제, 우울증 약들을 복용하며 피고인이 구치소에서 투병생활을 하고 있으며 갑작스러운 구속으로 인하여 가족의 생계가 막막한 점 그리고 피고인이 집을 팔아서라도 이번 사건으로 인하여 부당하게 받은 떳떳지 못한 돈을 납부하겠습니다.

피고인의 애끓는 마음을 헤아려 주셔서 피고인에게 처음이자 마지막으로 선처해 주시기를 눈물로 부탁드리며 진심으로 고개 숙여 부탁드립니다.

어떠한 경우에도 앞으로는 법을 준수하며 반드시 법의 테두리 안에서 일을 하며 생활하겠습니다. 거듭 존경하는 재판장님께 머리 숙여 감히 약속드리겠습니다. 누구를 탓하지 않고 피고인 스스로 이성적으로 모든 일들을 판단하며 검은 유혹에 흔들리지 않겠습니다.

다시 한번, 이번 일로 인하여 사회에 큰 물의를 일으키고 큰 잘못을 하여, 진심으로 용서를 빌고 참회하며 반성합니다. 뼈저리게 후회하고 있습니다. 죄송합니다.

존경하는 재판장님의 무궁한 발전을 진심으로 기원하며 두서없는 반성문을 마치겠습니다. 고맙습니다.

2017. ○○. ○○.

○○구치소 재감인 ○○○○번 피고인 김○○

반성문

- 사건번호: 2017고합ㅇㅇㅇ
- 사건명: 변호사법위반
- 수번: ㅇㅇㅇㅇ
- 피고인: 김ㅇㅇ

존경하는 재판장님!

피고인 김ㅇㅇ입니다. 피고인이 ㅇ월 한겨울의 추위가 맹위를 떨치던 때에 구속 수감된 후 흘러서 봄이 지나가고 여름이 지나가고 가을의 절정을 향해서 나아가는 시절입니다.

재판장님의 건강과 행운이 가득하시길 멀리서나마 못난 피고인 기도하겠습니다. 못난 피고인은 이곳 ＊＊구치소 'ㅇ평' 혼거실에서 아침 ㅇ시 기상, ㅇ시 ㅇ분 기상점검, 오전 ㅇ시 아침식사, ㅇ시 ㅇ분 오전 점검, 오전 ㅇ시 ㅇ분 점심식사, 오후 ㅇ시 ㅇ분 오후점검, 오후 ㅇ시 저녁식사, 저녁 ㅇ시 취침 반복되는 수용시설의 일과를 성실하게 따라가고 있습니다.

존경하는 재판장님!

구속 수감되어 ㅇㅇ구치소라는 전혀 예상하지 못했던 환경에서 처음에는 적응하기가 힘든 시간도 있었지만 점차 익숙해져 가고 있습니다. 그만큼 피고인의 잘못된 행동과 어리석은 판단을 자책하고 참회하는 반성의 시간도 함께 이어지고 있습니다. 괴롭고 힘들고 부끄럽지만 이 또한 피고인의 "삶의 역사"이기에 겸허하게 받아들이고자 노력하고 있습니다.

저녁 ○시 이후 ○평의 혼거실에서 모두가 잠든 후 피고인의 지난날을 돌이켜보면서 "인생을 되돌릴 수 있다면" 하고 상념에 젖기도 합니다.

존경하는 재판장님!

사랑하는 아내와 예쁜 딸들, 여러 친구들을 ○○구치소 ○평 접견실에서 만날 때마다 두꺼운 유리판에 가로막혀 "서로의 삶이 눈물"로 연결될 수밖에 없는 현실이 괴롭기만 합니다.

사방이 가로막힌 벽들을 보면서 숨이 막히고 다리에 힘이 풀리는 것 또한 현실입니다. 가장 소중한 것들을 잃어버리고 사무치게 그리운 얼굴들을 보지 못하고 떠올릴 수밖에 없는 것 또한 현실입니다.

존경하는 재판장님!

피고인 7개월 넘는 수용생활 지속하면서 법정을 향하는 걸음걸이는 무겁기만 한 것도 사실이었습니다. 하지만 그 길이 피고인의 지난날의 잘못을 정직하게 고하고 새로운 인생의 길로 나아가는 첫 걸음이 될 수 있다는 생각도 하고 있습니다. 어리석은 마음과 잘못된 판단으로 인하여 정상적인 삶의 궤도를 이탈해버린 "인생의 열차"를 다시 한번 수리하고 올바른 길로 궤도를 깔아가는 힘들지만 반드시 가야 할 길이라고 생각하고 있습니다.

존경하는 재판장님!

피고인은 사랑하는 아내와 곧 결혼을 앞둔 두 딸을 두고 있습니다. 못난 아버지의 잘못으로 인해 결혼의 첫 단추인 양가 상견례를 하지 못하고 있고 결혼준비도 정상적으로 하지 못한다는 아내의 말을 들을 때마다 말할 수 없는 미안함과 괴로운 자책감을 느끼고 있습니다. 아버지로서 두 딸이 인생의 앞길에 "디딤돌"이 돼야 하는데 "걸림돌"이 되고 있다는 현실이 참담하기만 합니다.

인생 ○○년을 목전에 두고 자식의 앞길을 막고 있다는 자책감이 때로는 피고인에게 극단적 선택을 하게끔 하기도 합니다. 피고인의 평소 지병인 "우울증"이 심해지고 있습니다.

하지만 사랑하는 아내의 따뜻한 한마디 말에 못난 피고인은 다시금 용기를 내곤 합니다. "여보, 나는 당신을 믿어요, 힘내세요. 당신에게는 제가 있어요. 당신에게는 사랑하는 두 딸이 있어요."라고 눈물을 쏟으며 속삭이는 아내의 모습을 보면서 용기를 내어 새로운 삶의 길로 들어가 살려고 다짐 또 다짐하고 있습니다. 부족한 피고인은 지금의 현실이 비록 힘들고 고난의 길이지만 당당하고 부끄럽지 않는 남편 아빠가 되는 시험이라 여기며 겸허하게 받아들이려고 애쓰고 있습니다.

존경하는 재판장님!

피고인이 눈물을 쏟아내면서 울먹이는 사랑하는 아내와 눈에 넣어도 아프지 않는 두 딸이 간절한 바람과 기도가 헛되지 않도록 모든 노력을 다할 것입니다. 탈법과 불법을 일삼아서 얻은 재물이 아무리 많다한들 사랑하는 사람의 피눈물을 쏟아 내리게 하는 원인이 된다면 무슨 소용이 있겠습니까?

　재물은 시간이 지나면 없어지지만 사랑하는 아내의 남편에 대한 믿음과 신뢰, 예쁜 딸들의 아빠에 대한 존경과 사랑은 죽을 때까지 사라지지 않을 것입니다. 그러기에 더더욱 피고인의 남은 생애 동안 다시는 부끄러운 삶의 역사를 만들지 않을 것을 감히 판사님께 다짐해 봅니다.

　존경하는 재판장님,

　피고인은 이번 실수를 반면교훈 삼아서 다시는 어떠한 일이 있더라도 불법의 유혹 탈법의 속삭임에 넘어가지 않고 준법과 양심의 테두리 안에서 올바른 길로 나아가겠습니다.

　부끄럽지만 다시 한번 이번 일로 인하여 사회에 물의를 일으키고 많은 분들께 걱정과 심려를 끼쳐 드린 점 진심으로 죄송하다는 말씀 올립니다. 머리 숙여 용서를 구하며 피고인의 거짓 없는 진실한 마음을 받아 주시길 삼가 간청 드리옵니다. 존경하는 재판장님의 건강과 행복 앞날에 항상 행운이 함께 하길 피고인 두 손 모아 기도하겠습니다. 못난 글이지만 끝까지 읽어 주신 점 마음으로부터 감사 인사 올립니다.

　앞으로 재판장님께 열심히 그리고 바르게 살겠다는 것 약속드리며 피고인의 반성문을 올립니다.

2017년 ○월 ○일

피고인 김○○ 올림

반성문

- 사건번호: 2017노○○○○
- **사건명: 사기 및 유사수신행위규제에관한법률위반**
- 수번: ○○○○
- 피고인: 이○○

존경하는 재판장님!

피고인은 8개월 동안 수많은 고뇌와 뉘우침 속에서 하루하루를 반성하며 보내고 있습니다. 피고인은 적지 않은 ○○세 나이에 재판장님께 반성문을 올리는 이 순간 부끄러움을 감출 수 없습니다.

항소 이유서에 말씀드렸지만 이렇게 글을 올리는 것은 피고인이 이 회사에 사업 진행을 기획하고 운영에 관계하지는 않았습니다. 회사설립이 2016년 ○월 초였습니다. 피고인은 지하철 환승으로 인한 퇴행성관절염으로 보행이 불편하여 2016년 ○월 초부터 2016년 ○월 중순까지 5개월 가까이 ○○동에서 한낱 사업자 신분으로 조직 관리한 것이 전부입니다. ○○법원에서 이 부분은 인정한 것으로 생각됩니다. 심한 무릎 통증으로 활동에 불편을 느껴 사업에 제한을 받아 다른 팀들보다 실적이 저조하여 회사에서 추진한 포상으로 2차례 ○○ 관광여행도 ○○팀은 실적 부진으로 모두 탈락되었습니다.

그리고 이 사건으로 구속된 사업자 ○명 중 실적을 비교하면 피고인의 실적이 최하위임을 경찰 조사에서 밝혀진 사실입니다. 이러한 피고인이 예우차원의 나이 탓에 부르게 된 고문이란 호칭으로 중한 범죄를 구성한 공모자로 인정하는 것은 이해가 되지 않습니다. 하지만 유사유신행위 자체는 숨길 수 없는 사실이지만 여러 가지 재테크로 수입이 창출되고 상장사 인수로 대책이 있다는 이○○대표 서○○ 부대표의 확신 있는 말들을 믿은 피고인의 경솔함도 인정하며 보다 세밀히 분석해야 되는 것을 가볍게 생각한 과오도 있습니다.

지금 피고인은 고질적인 지병에 시달리고 있습니다. 퇴행성 관절염, 혈압, 당뇨, 녹내장 등으로 현재도 외래사약을 처방받고 있습니다. 특히 녹내장으로 왼쪽 눈은 실명하고 오른쪽 눈은 0.3의 시력으로 완쾌는 힘들며 서서히 잠식되는 시신경을 의식하며 불안한 처방을 하고 있습니다. 밥은 굶어도 안약은 필히 투약하고 주기적으로 정밀 진단을 받으라는 의사의 말씀에 현재의 여건이 여의치 않아 걱정스럽습니다.

그리고 피고인에게는 ○○세의 동갑인 처와 출가한 세 딸을 두고 있습니다. 처 역시 지병인 골다공증으로 고생하며 혼자서 어려운 살림에 피고인이 구속된 후 더 힘들게 생활하고 있습니다. 딸들도 손자들의 대학등록금 등 학비에 시달리며 처에게 신경 쓸 여유가 없는 형편입니다.

존경하는 재판장님,

피고인의 여생은 지병치료에 전념하며 오로지 준법정신을 마음속에 되새기며 성실하게 살아가겠습니다.

존경하는 재판장님,

피고인의 이 어려움을 깊이 헤아려 주셨으면 고맙겠습니다.

2017년 ○월 ○○일

위 피고인 이○○

반성문

- 사건번호: 2017노○○○○
- 사건명: 사기 및 유사수신행위규제에관한법률위반
- 수번: ○○○○
- 피고인: 이○○

존경하는 재판장님!

피고인은 9개월 가까이 수많은 고뇌와 뉘우침 속에서 하루하루를 반성하며 보내고 있습니다. 피고인은 ○○세의 적지 않은 나이에 재판장님께 반성문을 드리는 이 순간이 부끄러움을 감출 수 없습니다. 항소 이유서에 말씀드렸지만 이렇게 다시 글을 올리는 것은 피고인이 이 회사에 사업 진행을 기획하고 경영에 관계하지 않았음을 증명하기 위해서입니다.

회사 설립이 2016년 ○월 초였습니다. 1개월이 경과 후 피고인은 지병인 퇴행성관절염으로 무릎 통증으로 지하철 환승이 불편하여 2016년 ○월 초부터 2016년 ○월 중순까지 5개월 가까이 ○○동에 15평의 소규모 사무실을 개설하여 한낱 사업자 신분으로 2명의 사업자와 조직 관리한 것입니다. ○○법원 확인된 것으로 사료됩니다.

하지만 본사와의 긴밀한 연락 부재와 원활한 사업설명이 어려워 사업의 제한을 받았습니다. 이로 인하여 다른 팀들보다 실적이 저조하여 회사에서 추진한 포상으로 2차례 ○○ 관광여행에도 ○○팀은 실적 부진으로 제외되었습니다. 그리고 이번 사건으로 구속된 사업자 ○명 중 실적들을 비교하면 피고인이 최하위임은 경찰 조사 자료에서 밝혀진 사실입니다.

그리고 피고인에게 고령으로 나이 탓에 부르게 된 고문이란 호칭 때문에 중한 범죄를 구성한 공모자로 인정하는 것은 고려할 부분으로 여겨집니다. 오히려 다른 사람들에게는 물질적 특혜가 있었음을 항소 이유서에 밝혔지만 피고인 능력과 자격이 안 되어 받지 못했습니다. 하지만 유사수신행위 자체는 거부할 수 없는 사실이지만 여러 가지 재테크로 수입이 창출되고 상장사 인수로 대책이 마련되어 있다는 이○○ 대표와 서○○ 부대표의 확신 있는 말들을 믿고 사업을 추진한 피고인의 과오를 인정합니다.

지금 피고인은 고질적인 지병에 시달리고 있습니다. 퇴행성관절염, 당뇨, 혈압, 녹내장 등으로 외래사약으로 처방받고 있습니다. 특히 녹내장으로 왼쪽 눈은 실명되고 오른쪽 눈도 0.3의 시력으로 완쾌는 불가능하며 서서히 잠식되어가는 시신경을 의식하며 불안한 처방을 하고 있습니다. 밥은 굶어도 처방은 잊어 먹지 말고 투약하며 주기적으로 정밀 진단을 받으라는 의사의 말씀에 현재 이곳의 여건이 여의치 않아 합니다.

이제는 헛된 욕심은 버리고 살아가고 싶습니다. 그리고 피고인에게는 ○○세 된 처와 출가한 세 딸을 두고 있습니다. 처 역시 오랜 지병인 골다공증으로 고생하며 혼자서 어려운 살림에 피고인 구속된 후 더 힘들게 생활하고 있습니다. 출가한 딸들도 제각각 손자들이 대학 등록금 등 학비에 시달리며 처에게 신경 쓸 여유가 없는 형편입니다.

존경하는 재판장님,

피고인의 여생은 지병 치료에 전념하며 오로지 준법정신을 마음에 되새기며 성실한 인간으로 살아가겠습니다. 피고인의 이 어려움을 깊이 헤아려 주셨으면 감사하겠습니다. 팔월 한가위 풍요롭게 맞이하시길 기원합니다.

2017년 ○월 ○○일

위 피고인 이○○

반성문

- 사건번호: 2017노○○○
- 사건명: 사기 및 유사수신행위규제에관한법률위반
- 수번: ○○○○
- 피고인: 이○○

존경하는 재판장님!

피고인은 10개월 가까이 많은 고뇌와 반성하는 마음으로 생활하고 있습니다. 적지 않은 나이에 부끄러움을 느끼며 글을 올리고 있습니다. 피고인은 반성문에 앞서 이 사건이 연루된 과정을 말씀 드리려고 합니다. 이 회사에 관계하게 된 것은 부대표 서○○의 소개와 권유에 의하여 이○○대표를 만나 이○○이 제시한 상장사 ＊＊＊의 전환사채 1억 원을 피고인 명의로 공증하여 담보로 제공하여 단순한 사업자 겸 투자자로 시작했습니다.

○○ 본사에서 1개월 정도 경과했을 때 서○○부대표와의 개인적인 갈등과 오랜 지병인 퇴행성관절염으로 무릎 통증으로 지하철 환승에 불편을 느껴 사업자 2명과 ○○동 15평 규모의 적은 사무실에서 5개월 동안 사업자 관리인 자격으로 사업을 했습니다. 이로 인하여 본사와의 소통부재로 어려움이 많았습니다. 투자자의 사업설명은 본사에서 하루에 2회 실시하여 새

로운 투자자들 사업자가 모시고 김○○, 정○○ 교육이사의 사업설명을 듣게 하였습니다.

이러한 번거로움으로 실적이 저조하였습니다. ##본사에서는 사업이 활발하여 포상으로 2차례 ○○ 관광여행을 실시하였으나 ○○팀은 실적 미달로 누락되었습니다. 그리고 피고인에게 주어진 고문이란 직함에 대하여 말씀 드리고자 합니다. 회사 설립 초기 몇 명 안 되는 사업자 중에 피고인이 제일 고령으로 예우 차원에서 불러진 호칭일 따름입니다.

한 달 사업 후 본사를 떠났으며 회사의 사업추진과 기획에 관계할 여건이 갖추어진 위치가 아니었습니다. 이러한 내용의 경찰 조사에서 이○○대표와 서○○ 부대표가 인정한 사실입니다. 그리고 이 사건으로 함께 구속된 ○명의 사업자 중에서 피고인의 실적이 제일 저조하며 회사 측에서 베푼 혜택도 전혀 받지 못했습니다.

서○○ 부대표는 고급 승용차, 김○○ 이사는 외제 승용차, 신○○은 ○○지구 APT 58평에 유치권 자격으로 입주하고 정○○교육이사는 ○○ 연립 23평에 같은 자격으로 입주하였습니다. ○○지점장 이○○, ○○지점장 양○○는 회사에서 인수한 상장사 ＊＊＊의 정식 이사로 등재하여 월급과 판공비가 책정되었다고 하였습니다. 이러한 특례들이 다른 사업자들에게는 주어졌는데 피고인은 특혜도 없이 단지 고문이란 호칭 때문에 중요한 범죄의 구성원으로 인정하는 것은 고려할 부분으로 사료됩니다.

그리고 조서 내용에서 돌려막기식 투자를 인정하는 것은 조사관의 질문에 재테크가 이루어지지 않을 때는 이러한 현상이 일어난다고 말씀드린 내용이며 수익이 창출되지 않는 줄 알았으면 피고인은 사업도 중단하였으며 원금을 상환하고 재투자하지 않았을 것입니다. 피고인이 직접 재투자한 내용입니다.

○월 ○일 1,000만 원 / 2016년 ○월 ○일 1,000만 원 금전 소비 대차 계약서 2매를 첨부하였습니다.

사업설명을 듣기 위하여 본사 방문 시에 서○○ 부대표가 수익 창출한 재테크에는 이○○ 대표가 ○○○의 손이라며 격찬하였으며 김○○ 교육이사는 옛날에 사업 시에 주식투자에 수익이 발생한 자료를 컴퓨터에서 다운받은 자료로 설명하며 주식투자의 귀재라며 칭송하여 주식투자에 대하여 깊이 모르는 피고인은 믿을 수밖에 없었습니다.

피고인의 나이와 형편에 2,000만 원은 큰돈이었습니다. 그래도 이를 믿고 만기가 되어도 상환하지 않고 고금리와 유사수신을 의식하지 못한 피고인의 경솔함은 숨길 수 없는 과오임을 인정합니다. 피고인은 이제 지나친 욕심은 버리고 여생은 준법정신에 이바지하는 생활을 하겠습니다.

피고인에게는 오랜 시간 지병인 녹내장으로 왼쪽 눈을 실명하고 오른쪽 눈마저 0.3의 시력으로 하루하루 잠식되어가는 시신경을 의식하며 안타까워만 합니다. 사회에서 처방전에 의존하여 지속적으로 투약하고 있지만 담당 의사는 항시 정밀 검사를 주기적으로 받아야 한다고 간곡히 강조하지만 이곳의 여건은 어렵기만 합니다. 참고로 다시 진단서를 첨부하였습니다.

피고인에게는 ○○세 된 피고인과 동갑인 처와 슬하에 출가한 딸 셋을 두고 있습니다. 피고인이 구속된 후 처 혼자서 생활을 이끌며 더욱 어려움을 겪고 있습니다. 출가한 딸 셋이 있으나 각각 손자들의 대학등록금 등 기타 학비 조달에 어려움을 느끼다 보니 피고인의 마음은 서글프기만 합니다.

존경하는 재판장님,

피고인은 이제 여생을 선하고 인자한 남편과 아버지, 할아버지가 되고 싶습니다. 지난 과오를 뼈저리게 느끼며 속죄하는 마음으로 생활하겠습니다. 마지막으로 이 늙은 노인의 절규를 깊이 헤아려 주셨으면 고맙겠습니다. 날씨가 차가운데 건강에 유의하시길 기원합니다.

2017년 ○○월 ○일
위 피고인 이○○

재판장님 귀하

반성문

• 사건번호: 2017노○○○○

• 사건명: 사기 및 유사수신행위규제에관한법률위반

• 수번: ○○○○

• 피고인: 이○○

존경하는 재판장님!

피고인은 ○○법원에서 1년 6월을 선고받고 이에 항소하여 재판 중인 이○○입니다. 피고인은 11개월 넘게 번민과 후회의 되풀이 되는 고통 속에서 하루하루를 무겁게 보내고 있습니다. 피고인은 하고 싶은 말씀을 올리려고 이 글을 드립니다.

피고인을 고문이란 호칭으로 부르게 된 동기는 회사 설립 당시 ○명의 적은 사업자 중에서 제일 연장자로써 이○○대표와는 자식 같은 ○○세 나이 차이로 형님이라고 부르기는 예의에 벗어나 예우 차원에서 불러진 호칭에 불과합니다. 경찰 조사에서 이○○ 대표와 서○○ 부대표가 인정한 사실입니다.

피고인은 회사 법인의 주주도 아니며 회사 사업에 대한 결정권이나 제반 운영 권한도 없는 상태에서 ○○동 ○○빌딩 ○○호에서 회사 설립 후 1개월이 경과한 2016년 ○월 초순경부터 2016년 ○월까지 약 5개월 동안 피고인은 지병인 퇴행성관절염으로 무릎 통증이 심하여 여러 차례 지하철 환승하는 것에 불편을 느꼈으며 서○○ 부대표와 개인적인 갈등으로 사무실을 이전하여 ○○지사 개념으로 사업을 시작했습니다.

이러한 여건으로 본사와의 소통 부재로 사업도 원활하지 않았으며 연령 탓으로 순발력도 떨어져 사업계획에 깊이 참여할 능력과 자신감마저 결여되어 사업이 활발하지 못하고 부진하였습니다. 그리고 추가로 제기된 고소 사건에 대하여 상세히 말씀 드리겠습니다.

2017년 ○월 ○일 ○시 검찰청 ○○호 검사실 ○○○ 검사님의 소환 통지를 받고 고소인 박○○과 척대면하여 조사를 받았습니다. 이○○, 서○○, 김○○과 고소인 박○○와 피고인이 동석하여 조사를 받았으며 이 자리에서 이○○, 서○○, 김○○은 이 사건에 피고인과는 무관함을 정확히 진술하였으며 검사님께서 ○월 ○일 ○시 2차 조사에는 혐의 없으니 불참할 것을 직접 말씀하셨습니다. 그리고 조서를 마친 후 무인을 날인할 때 고소인 박○○이 이번 사건을 고소할 때 피고인의 이름을 제외시켰는데 고소인 측 변호사가 피고인을 포함해야 된다고 하여 고소하게 되었음을 죄송하다고 피고인에게 정중하게 사과했습니다.

이 기간은 피고인 ○○지점에서 근무한 시기였으며 정산 관계도 팀별로 독립 채산제이기 때문에 피고인과는 무관하며 회사의 방침도 다른 팀의 투자자와의 접근과 파악하는 것 자체를 금기시하기 때문에 피고인과는 아무런 관계가 없었습니다. 본사의 사업에는 피고인이 관계할 부분이 전혀 없으며 피고인은 ○○지점관리에만 충실했습니다.

그리고 사건으로 구속되었던 ○명의 사업자 이○○ ○○지점장, 한○○,

양○○, 송○○, 신○○, 정○○은 본사 모임 때 인사를 나누는 사이였습니다. 그리고 위 ○명과 피고인의 실적을 비교하면, 경찰 조사에서 밝혀진 집계에 의하면 피고인의 실적이 저조한 것으로 판명 되었습니다.

그리고 본사에서 포상으로 실시한 2차례 ○○ 관광여행을 모두 다녀왔으나 피고인의 ○○ 지점은 실적 미달로 제외되었습니다. 회사의 재테크 여러 가지 정보는 회사에서 제작 배포한 제안서와 매일 2회씩 실시하는 사업 설명회와 본사에서 팩스로 발송되는 공문과 서○○와 김○○의 보충 설명으로 파악하였습니다.

피고인은 이○○ 대표가 주관하는 사업과 기획한 사실도 없으며 피고인은 오로지 한낱 사업자에 불과한 위치였습니다. 이러한 가운데 회사에서 진행하는 사업들을 무조건 믿은 피고인의 무지와 단순하게 생각한 경솔함을 크게 반성하며 뉘우치고 있습니다. 피고인은 나이 탓으로 노동력 저하로 어려운 가정생활에 도움이 될까 한 것이 더욱 어려움을 만들게 되었습니다.

피고인은 회사를 믿었기에 피고인의 명의로 2,000만 원을 투자하였으며 관리, 수당 및 이자 수입을 합하여 3,120만 원이 경찰 조사 과정에서 총 수익금으로 판명 되었습니다. 이런 자료를 분석하면 다른 팀들보다는 실적이 매우 저조했음이 확인됩니다. 피고인에게는 ○○세 된 동갑의 처와 출가한 딸 셋과 손녀 셋을 두고 있습니다.

처는 골다공증으로 아픈 몸을 이끌고 피고인의 지병인 당뇨와 혈압 녹내장으로 왼쪽 눈은 실명되었고 남은 오른쪽 눈도 하루가 다르게 죽어가는 시신경을 최소한 유지하기 위하여 처방전에 의한 약들을 처방받아 전달하려고 편하지 않는 몸으로 접견 오는 처의 모습을 보며 가슴이 메는 아픔을 느꼈습니다. 딸들에게도 한 가닥 남아 있는 삶의 자존심마저 망가지게 하였습니다.

존경하는 재판장님,
피고인은 가슴속 깊이 법의 존엄성과 성실한 인간이 될 것을 새기며 여생은 인자한 남편과 아버지와 할아버지가 될 것을 굳게 맹세하겠습니다.

존경하는 재판장님,
피고인의 가슴 아픈 사정들을 깊이 헤아려 주셨으면 고맙겠습니다. 날씨가 차가운데 건강과 새해에는 가내 평온과 행운을 기원합니다.

2017년 ○○월 ○○일
위 피고인 이○○
재판장님 귀하

반성문

- 사건번호: 2017노ㅇㅇㅇㅇ
- 사건명: 사기 및 유사수신행위규제에관한법률위반
- 수번: ㅇㅇㅇㅇ
- 피고인: 이ㅇㅇ

1년이란 세월이 지났습니다. 그동안 피고인은 인생의 제일 어려운 시간들을 고뇌와 아픔을 느끼며 지난날의 무의미하고 경솔했던 삶을 생각하며 반성의 날들을 보내고 있습니다. 돌이켜보면 단순하고 가볍게만 생각하고 사물에 대한 세밀한 판단과 분석도 없이 생활한 날들이 부끄럽기만 합니다.

피고인이 여러 차례 말씀 드렸지만 이 자리를 빌어 거듭 피고인이 회사에서의 차지한 위치를 말씀드리고 싶어서 이렇게 글을 올립니다.

피고인의 고문 명칭은 회사 설립 초기 2016년 ㅇ월 초 ㅇ명의 적은 사업자 중에서 제일 연장자로 예우차원에서 불러진 호칭에 불과합니다. 그리고 회사 설립 후 1개월이 경과했을 때 ㅇㅇ동 소재 ㅇㅇ 3차 B동 ㅇㅇ호에서 2016년 ㅇ월 하순까지 5개월간 ㅇㅇ지사 개념으로 근무하였습니다.

피고인은 회사운영과 사업 추진에 관계한 능력과 판단력도 갖추지 못한 한낱 사업자였습니다. 그리고 회사로부터 고문이란 직함으로 특별히 대우와 특혜를 받은 것도 전무합니다. 이러한 모든 것은 경찰 조사에서 밝혀진 실적이 증명하였습니다. 회사의 경영체제 역시 팀별로 독립 채산제로 정산하기 때문에 다른 팀과는 이해관계가 전혀 없었습니다.

그리고 피고인은 건강상태도 매우 좋지 않았습니다. 오랜 지병인 퇴행성 관절염으로 보행에 불편을 느끼는 상태이며 그리고 녹내장으로 왼쪽 눈은 실명하고 오른쪽 눈마저 시신경이 잠식되어가며 시야가 좁아지는 현상을 느끼며 안타까울 따름입니다. 처방전에 의한 약을 투약하지만 항시 불안하기만 합니다. 피고인은 동갑인 ○○세의 처와 출가한 세 딸을 두고 있습니다. 여유롭지 않은 생활에 조금이나마 가정에 도움이 될까 하고 한 것이 오늘날 가족들의 마음에 깊은 상처만 남기게 되었습니다. 딸들이 접견 시 눈물을 지우며 조금씩 우리가 도와 드릴 테니 조용히 계시라는 말에 가슴 메이는 아픔을 느꼈습니다.

존경하는 재판장님,

피고인은 이제 지난날의 잘못을 반성하며 성실하고 인자한 한 가정의 남편과 아버지와 손자들의 할아버지가 되겠습니다. 깊은 아량으로 베풀어 주셨으면 고맙겠습니다. 날씨가 차가운데 건강에 유의하시고 무술년 새해에는 가내 평온과 행운이 가득하시길 기원하겠습니다.

2018년 ○월 ○일
위 피고인 이○○ 드림

반성문

- 사건번호: 2017노○○○○
- 사건명: 사기 및 유사수신행위규제에관한법률위반
- 수번: ○○○○
- 피고인: 이○○

존경하는 재판장님,

피고인은 항시 반성하고 속죄하는 마음으로 오늘도 새로운 마음으로 글을 올립니다. 더 이상 변명할 여지가 없기 때문에 이렇게 글을 드리며 용서를 구합니다. 이제 ○○세로 적지 않은 나이에 오늘날까지 피고인이 생각 없이 살아온 지난날들이 부끄럽기만 합니다. 지금의 처절한 이 순간들을 생각하면 한없이 마음이 아프기만 합니다. 하지만 두 번 다시 이러한 날들을 되풀이 하지 않을 것을 마음속 깊이 다짐하며 참회하는 생각들을 새기고 있습니다.

그리고 피고인은 평상시에도 정상이 아니었던 건강이 1년이란 세월이 흐르다보니 많이 힘겨워진 것 같습니다. 오랜 지병인 퇴행성관절염으로 무릎 통증이 심하여 매일 처방 받았던 소염 진통제는 더 이상 복용할 경우 간 기능에 장애가 있기 때문에 이제는 처방할 수 없다는 의무 과장님의 말씀으로 심한 통증을 참아내고 있습니다.

그리고 역시 지병인 녹내장으로 왼쪽 눈은 오래전에 실명되었으며 남은 오른쪽 눈마저도 현재와 같이 약물 투약만으로 방치할 경우 하루하루가 다르게 잠식되어가는 시신경을 장담 할 수 없다는 의사의 말씀을 처로부터 전해들은 피고인의 마음은 서글퍼지기만 하였습니다.

여유롭지 못했던 가정생활 역시도 피고인의 빈자리가 크게 느껴집니다. ○○세의 피고인과 동갑인 처 역시 골다공증으로 어려움을 겪고 있는 처의 입장에서는 혼자서 가정을 이끌어 가는 것이 매우 어려운 것 같습니다.

슬하에 출가한 딸만 셋을 두었습니다. 손자들의 대학등록금 사교육비 등에 어려움을 느끼는 모습을 보며 조금의 도움은 오히려 부담스럽기만 하였습니다. 이러한 상황들을 의식하며 살아가는 피고인의 마음은 무겁기만 합니다.

존경하는 재판장님,

피고인의 이 어려운 현실을 깊이 헤아려 주셨으면 고맙겠습니다. 무술년 새해에는 건강하시고 가내 평온과 행운이 가득하시길 기원합니다.

2018년 ○월 ○○일
위 피고인 이○○ 올림

반성문

• 사건번호: 2017노○○○○

• 사건명: 사기 및 유사수신행위규제에관한법률위반

• 수번: ○○○○

• 피고인: 이○○

존경하는 재판장님,

 피고인은 13개월 가까이 반성과 뉘우침을 항시 말씀드리며 속죄하고 있습니다. 피고인이 저지른 행위에 대하여 변명하고 싶은 뜻은 아니지만 피고인이 개입된 한계에 대하여 밝히고 싶은 부분을 말씀드리고자 합니다. 회사 운영기간 7개월 반 동안 회사설립 1개월이 경과 후부터 ○○지사에서 팀 관리와 피고인이 투자한 2천만 원을 투자하고 만기 3개월이 되면 재투자하고 나이 탓인지 피고인은 욕심 없이 만족하며 5개월을 보냈습니다.

 피고인에게 주어진 영역은 회사의 영업 방침대로 오로지 ○○지사만의 독립적인 정산체제로 제한되었으며 ○○ 본사의 다른 팀의 투자자에 대하여 투자 유치를 위하여 권유 또는 사업 설명회를 통하여 종용한 사실도 없었습니다.

 다른 팀들의 투자에 따라 수입금에 대하여 피고인은 한 푼의 배당금을 수렴한 사실이 전혀 없었습니다. 이러한 사실들은 팀을 운영하는 대표 사업자들에게 문의하여도 정확하게 확인되리라 생각됩니다.

경찰 조사에 밝혀진 수익금 내역을 참고하면 3,120만 원 중 피고인이 직접 투자한 2천만 원에 대한 3개월 만기 관리 수당 및 이자 수입과 ○○지사투자자의 관리수당이 포함된 것입니다. 그리고 본사에서 포상으로 2차례 ○○ 관광여행을 실시하였으나 실적 미달로 ○○지사 사업자들은 제외되었습니다. 회사의 재테크 부문 해당 업체의 대표자 또는 책임자와 직접 상담한 사실도 없었으며 재테크에 대한 내용은 사업 설명회와 공문으로 파악했습니다.

피고인이 고문이란 호칭으로 불러진 것은 회사설립 초기 ○명의 사업자 중에서 제일 연장자로 예우차원에서 주어진 호칭에 불과하며 회사에서 정식 임명된 직책도 아니며 아무런 특혜도 없는 무보수의 직함이었습니다.

그리고 피고인은 오랜 지병인 퇴행성관절염, 당뇨, 혈압 등으로 처방전에 의한 처방으로 견디고 있습니다. 녹내장은 오래 전에 왼쪽 눈은 실명하고 오른쪽 눈 역시 하루가 다르게 잠식되어가는 시신경을 의식하며 항시 불안한 생활을 합니다.

투약을 위한 처방전 때문에 병원을 방문 시에 의사의 말씀은 현재 상태로 계속 방치할 경우 실명될 가능성을 말씀하시는 것을 처로부터 전해 들은 피고인 마음은 괴롭기만 합니다.

피고인은 ○○세의 동갑인 처와 출가한 딸 셋을 두었습니다. 여유롭지 못했던 가정생활에 조금의 도움이 될까 하고 선택한 일이 오히려 처와 딸들에게 마음의 깊은 상처만 남기게 되었습니다. 이제는 가족들의 마음의 상처를 기억하며 두 번 다시 이러한 날을 맞이하지 않을 것을 다짐하며 참회하고 있습니다.

  존경하는 재판장님,

  피고인의 이 안타까운 현실을 깊이 헤아려 주셨으면 고맙겠습니다. 건강
하시고 가내 평온을 기원합니다.

2018년 ○월 ○일

위 피고인 이○○ 올림

반성문

- 사건번호: 2017노○○○○
- 사건명: 사기 및 유사수신행위규제에관한법률위반
- 수번: ○○○○
- 피고인: 이○○

존경하는 재판장님.

피고인은 14개월 가까이 항상 후회와 반성을 되풀이하며 속죄하고 있습니다. 피고인의 행위에 대하여 변명하려는 뜻은 아니지만 피고인이 회사에 관계한 내용에 대하여 간단하게 말씀 드리고자 합니다. 회사 운영기간 총 7개월 반 동안 회사설립 1개월 경과 후부터 ○○지사에서 사업자와 투자자 입장에서 피고인의 투자금 2천만 원을 초기부터 투자하고 팀 관리를 하며 욕심 없이 만족하며 5개월 동안 사업을 했습니다.

피고인에게 주어진 역할은 회사의 영업 지침대로 오로지 ○○지사만으로 제한되어 ○○본사의 다른 팀의 투자자에 대하여 투자 유치를 위하여 권유와 사업 설명을 통하여 종용하지 않았습니다. 투자에 따른 배당금에 대한 수익금을 피고인은 한 푼도 취득한 사실이 없었습니다.

이러한 사실은 팀의 대표 사업자에게 문의하여도 정확한 내용이 확인될 것입니다. 경찰 조사과정에 밝혀진 수익금내역을 참고하면 3,120만 원 중 피고인이 직접 투자한 2천만 원에 대한 관리수당 및 이자 수입과 지사 투자자의 약간의 관리 수당이 피고인이 회사의 수입된 전액입니다. 피고인이 다른 팀으로부터 수익이 발생되었으면 조금 더 수익금이 입금 되었을 것입니다. 그리고 본사에서는 포상으로 2차례 ○○ 관광여행을 실시하였으나 ○○지사 사업자들은 실적 미달로 피고인을 포함한 사업자들은 제외되었습니다.

피고인은 회사의 재테크 해당 업체 대표와 또는 실무자와 직접 면담한 사실도 없으며 이에 대한 내용은 사업 설명회 또는 공문으로 파악했습니다. 피고인이 고문으로 불러진 호칭은 회사의 중추적인 역할을 하는 임원도 아닌 회사 초기 ○명의 적은 사업자 중에서 제일 연장자로 예우 차원의 호칭에 불과하며 회사에서 임명된 직함도 아니며 특혜도 없는 사업자였습니다. 피고인은 오랜 지병인 퇴행성관절염, 당뇨, 혈압 등으로 처방전에 의한 처방으로 이겨내고 있습니다.

그러나 녹내장으로 오래전에 왼쪽 눈은 실명되었고 남은 오른쪽 눈도 하루가 다르게 잠식 되어가는 시신경을 의식하며 불안한 날들을 보냅니다. 처방전 때문에 병원을 방문 시 의사의 말씀은 지금과 같이 방치하면 실명될 가능성을 처로부터 전해들은 피고인의 마음은 괴롭기만 합니다. 피고인은 동갑인 ○○세 처와 출가한 딸만 셋을 두고 여유롭지 못한 생활에 도움이 될까 한 일들이 오히려 가족들에게 마음에 깊은 상처만 남기게 되었습니다.

딸들 역시 손자들의 등록금과 사교육비에 시달리는 모습을 보는 마음만 아프기만 하였습니다. 이제는 처와 딸들의 마음의 상처를 기억하며 두 번 다시 이러한 날을 맞이하지 않을 것을 굳게 다짐하며 참회합니다.

존경하는 재판장님,

피고인의 안타까운 현실을 깊이 헤아려 주셨으면 고맙겠습니다. 항상 건강하시고 가내 평온을 기원하겠습니다.

2018년 ○월 ○일

위 피고인 이○○ 올림

반성문

- 사건번호: 2017노○○○○
- 사건명: 사기 및 유사수신행위규제에관한법률위반
- 수번: ○○○○
- 피고인: 이○○

존경하는 재판장님.

피고인은 오늘도 14개월이 넘는 기간 동안 항상 자책하며 후회를 되풀이하며 하루하루를 보내고 있습니다. ○○세의 적지 않은 나이에 준법정신을 저버리고 오늘에 이르른 자신의 모습이 한없이 부끄럽기만 합니다.

피고인은 여유롭지 않은 가정생활에 도움이 될까 하고 생각 없이 단순한 마음으로 동참한 것이 오히려 가족들에게 많은 실망과 마음의 상처만 남기게 되었습니다. 피고인은 오래전부터 지병으로 고생하고 있었습니다.

사회에서 수술을 의사 선생님이 요구했으나 퇴행성관절염과 당뇨들, 혈압 등을 처방전에 의한 약 처방으로 고통스러운 생활을 하고 있으며 특히 녹내장으로 왼쪽 눈은 오래전에 실명되었고, 오른쪽 눈은 하루가 다르게 잠식되어가는 시신경을 의식하며 약물 투약만을 의존하며 불안한 생활을 하고 있습니다. 여러 차례 말씀 드렸습니다.

피고인이 고문이란 호칭으로 불린 것은 회사경영에 중추적인 역할을 하는 임명직이 아닌 회사 설립 초기 적은 사업자 중에서 피고인이 제일 연장자로 예우 차원에 불려진 호칭에 불가합니다. 그리고 회사에서 진행하는 재테크 등 경영에 관한 기획에는 전혀 관여하지 않았으며 다른 팀들의 투자에도 이해관계가 없으며 팀별 독자적인 독립채산제였기 때문에 피고인은 ○○지사의 관리에만 충실하며 적은 실적이지만 만족했습니다.

　피고인은 ○○본사가 아닌 ○○지사에서 5개월 반 가까이 사업을 하였습니다. 회사에 대한 정보는 사업 설명회와 본사에서 발송하는 공문에 의존하였습니다. 그러나 피고인은 세밀하지 못하고 가벼운 생각으로 유사수신에 참여한 사실을 한없이 뉘우치고 후회하며 반성하고 있습니다. 이제는 두 번 다시 오늘날과 같은 과오를 만들지 않을 것을 마음속으로 굳게 다짐하며 여생은 건실한 인간으로 한 가정의 인자한 남편으로 아버지, 그리고 할아버지로 살아가며 삶을 마무리하고 싶습니다.

　존경하는 재판장님,

　이 늙은 피고인의 어려운 사정을 깊이 헤아려 주셨으면 고맙겠습니다. 항상 건강하시고 가내 평온과 행운을 기원하겠습니다.

2018년 ○월 ○○일

위 피고인 이○○ 올림

반성문

- 사건번호: 2017노○○○○
- 사건명: 사기 및 유사수신행위규제에관한법률위반
- 수번: ○○○○
- 피고인: 이○○

존경하는 재판장님,

오늘도 피고인은 15개월 가까이 생활하면서 바르게 살지 못한 지난날들을 한없이 후회하며 반성하고 있습니다. 모든 것이 피고인의 단순하고 경솔한 행동들이 만든 당연한 결과로 생각하며 깊이 머리 숙여 진심으로 사죄합니다. 피고인은 여생을 속죄하는 마음으로 오래 간직하며 참된 생활을 하겠습니다.

오늘날 피고인은 오랜 지병인 퇴행성관절염으로 무릎 통증이 심각하여 보행마저 어려움으로 고생하고 있습니다. 그리고 녹내장 역시 실명되지 않은 오른쪽 눈마저 0.3의 시력으로 하루가 다르게 잠식되어 가는 시신경을 의식하며 약물 투약만으로 이겨내고 있습니다. 이러한 여러 가지 지병으로 오랜 기간 시달림에 생활은 무척 어렵습니다.

피고인은 회사에서 기획하여 추진하는 재테크 사업을 믿고 유사수신에 대하여 가볍게 생각하고 투자한 피고인의 과오가 크게 느껴집니다. 항상 말씀을 드린 회사의 사업 방침은 팀별로 별도 정산 체제로 다른 팀의 투자에는 엄격히 구분하여 이해관계가 없는 독립 채산제로 정산하였음을 말씀드립니다.

피고인이 고문이란 호칭으로 불려진 것은 회사설립 초기 O명의 적은 사업자 중에서 제일 연장자로 예우차원에서 불려진 호칭에 불과하였습니다. 그리고 피고인은 본사가 아닌 OO 지사에서 5개월 반 정도 OO에서 근무하여 OO 본사와는 소통부재로 회사 사업 계획과 제반 운영 방침에는 전혀 관계한 사실이 없었습니다.

피고인은 다시는 이러한 준법정신에 벗어나는 일에 연루되는 행동을 하지 않을 것을 명심하고 건전하고 성실한 생활을 하겠습니다.

존경하는 재판장님,

여러 가지 피고인의 어려운 사정들을 깊이 헤아려 주셨으면 고맙겠습니다.

항상 건강하시고 가내 평온과 행운을 기원하겠습니다.

2018년 O월 O일

위 피고인 이OO 올림

반성문

- 사건번호: 2017노○○○○
- 사건명: 사기 및 유사수신행위규제에관한법률위반
- 수번: ○○○○
- 피고인: 이○○

존경하는 재판장님,

피고인은 15개월 가까이 항상 후회와 반성을 하며 두 번 다시 이러한 과오를 만들지 않을 것을 오늘도 다짐하며 생활하고 있습니다. 피고인은 오늘날의 사실들을 변명하고 싶은 것이 아니며 피고인이 회사에 관계한 한계를 말씀드리려고 글을 올립니다.

회사 운영 기간 총 7개월 반 중에서 피고인이 회사설립 1개월 반이 경과했을 때 ○○동 ○○ 3차 빌딩 ○○호 ○○지사에서 투자자와 사업자 자격으로 피고인 명의로 2천만 원을 투자하고 팀 관리를 하며 5개월 반 동안 사심 없이 사업을 하였습니다.

지역적인 거리감 때문에 소통부재로 실적은 다른 팀보다 저조하였으며 포상으로 2차례 ○○ 관광여행을 실시하였으나 ○○지사는 실적 미달로 불참하였습니다. 피고인에게 회사에서 주어진 역할은 오로지 ○○지사에만 국한되어 팀별로 독자적인 정산 방법으로 ○○ 본사의 다른 팀 소속 투자자에 대하여 투자 유치를 위한 권유와 사업 설명 등으로 포섭할 수도 없으며 이러한 형태의 사업을 엄격히 통제하며 금기시하였습니다. 다른 팀 투자자에 따른 수익은 피고인이 취득한 권한도 없으며 사실도 없었습니다.

경찰과 ○○법원에서 확인된 3,120만 원의 수익금은 피고인이 투자한 2천만 원에 대한 본인 관리수당과 이자수입 그리고 ○○지사 투자자에 대한 약간의 관리수당이 포함된 것입니다.

그리고 피고인에게 고문이란 호칭은 회사 초기 ○명의 적은 사업자 중에서 제일 연장자로 예우 차원에서 주어진 호칭에 불과하며 회사 운영에 관계하는 결정권과 특혜가 부여된 임명직이 아니었습니다.

피고인은 여유롭지 못한 가정생활과 고령으로 노동의 제한을 느껴 도움이 될까 하고 소일 삼아 회사 사업에 참여한 것이 오히려 처와 딸 셋에게 마음의 깊은 상처만 남기고 오늘에 이르게 되었습니다.

피고인에게는 오랜 지병인 녹내장으로 왼쪽 눈은 오래전에 실명되었고 오른쪽 눈마저 0.3의 시력으로 하루가 다르게 잠식되어가는 시신경을 의식하며 불안하게 생활하고 있습니다. 피고인은 고령으로 사업에 대한 판단력도 현명하지 못하여 단순하고 경솔한 이해력으로 유사수신에 참여하게 된 것을 뉘우치며 피해자들에게도 진심으로 사과드립니다.

존경하는 재판장님,

피고인이 무지하고 세밀하지 못한 행동으로 이루어진 일들을 깊이 헤아려 주셨으면 감사하겠습니다. 재판장님 항상 건강하시고 가내 평온과 행운이 가득하시길 기원합니다.

2018년 ○월 ○○일

위 피고인 이○○ 올림

반성문

- 사건번호: 2017노○○○○
- 사건명: 사기 및 유사수신행위규제에관한법률위반
- 수번: ○○○○
- 피고인: 이○○

존경하는 재판장님,

피고인은 ○○년이란 세월을 보내며 자신을 뒤돌아보며 지나온 삶을 다시 생각할 수 있다는 것이 너무 늦은 감이 있지만 그나마 현명하지 못했던 지난날들을 돌이켜 볼 수 있다는 것이 남은 인생의 좋은 전환점으로 생각하고 생활하고 있습니다. 피고인은 한 가정의 가장으로써 남편의 위치와 아버지의 포용력과 할아버지의 인자한 모습을 마음에 새기며 성실하지 못했던 지난날들을 한없이 후회하며 반성하고 있습니다.

피고인은 동갑인 처와 딸만 셋을 두었습니다. 항상 접견 때마다 눈물짓는 모습들을 생각하며 고통스러운 밤을 보내기도 하였습니다. 여유롭지 못한 가정생활에 조금이나마 도움이 될까 하고 선택했던 일이 오히려 가족들에게는 마음의 깊은 상처만 남기게 되었습니다. 오늘도 변명 같은 말씀을 드리려고 두서없이 글을 다시 올립니다.

항상 드리는 말씀이지만 피고인은 중임을 맡은 주체가 아니었으며 오로지 ○○지사에 주어진 일에만 5개월 반 가까이 투자자와 사업자로 활동을 하였습니다. 그리고 피고인은 회사업무와 사업진행에 관계한 사실은 전혀 없었습니다.

고문이란 호칭도 피고인이 회사 설립 초기 소규모 ○명의 사업자 중에서 제일 연장자로 고령자 예우 차원에서 불려진 호칭에 불과하며 회사에서 중추적인 역할이고 특혜가 주어진 임명된 직책이 아니었습니다.

피고인은 고령으로 판단력도 저하되었으며 건강 역시도 오랜 지병인 퇴행성관절염으로 보행에 어려움을 느낄 정도이며 녹내장으로 왼쪽 눈은 실명 상태이며 오른쪽 눈마저 0.3의 시력으로 하루가 다르게 잠식되어가는 시신경을 의식하며 항상 불안하게 어려운 생활을 하였습니다.

이러한 관계로 활동이 활발하지 못하여 피고인과 다른 팀들의 실적을 비교할 때 피고인의 실적이 저조하였음이 경찰 집계에서도 증명되었습니다. 피고인은 두 번 다시 이러한 행위를 되풀이 하지 않을 것을 마음속 깊이 다짐하며 피해자 분들에게도 진심으로 머리 숙여 사과드립니다.

존경하는 재판장님,

피고인의 경솔한 판단과 무지한 소치로 이루어진 과오들을 넓으신 아량으로 깊이 헤아려 주셨으면 감사하겠습니다. 항상 건강하시고 가내 평온과 행운이 가득하시길 기원합니다.

2018년 ○월 ○○일
위 피고인 이○○ 올림

반성문

- 사건번호: 2017노○○○○
- 사건명: 사기 및 유사수신행위규제에관한법률위반
- 수번: ○○○○
- 피고인: 이○○

존경하는 재판장님,

피고인은 16개월이란 세월을 보내며 암울하기만 했던 지난 시간들을 마음속에 되새기며 반성하고 생각 없이 무모하게 살아온 날들이 부끄럽기만 합니다. 여유롭지 못한 생활에 도움이 될까하고 선택했던 것이 ○○세의 피고인과 동갑인 처와 출가한 딸만 셋인 가족들에게 오히려 마음의 깊은 상처만 남기게 된 피고인의 심정은 이루 말할 수 없는 아픔을 안고 생활하고 있습니다. 피고인은 ＊＊＊에서 유사수신 사업에 종사한 사실을 뒤늦게 후회하고 있습니다.

그러나 피고인은 회사의 전반적인 기획과 재테크 사업에 대한 결정권도 없이 오로지 투자자와 사업자의 위치에서 회사설립 1개월 반이 경과했을 때 ○○ 본사를 떠나 ○○동에 개설된 ○○지사에서 5개월 반을 근무하였습니다. 그리고 4월의 형을 선고받은 사건 2018노○○○사건을 병합한 내용을 말씀드리겠습니다.

2017년 ㅇ월 ㅇ일 ㅇㅇ호 ㅇㅇ검사님의 소환을 받고 이ㅇㅇ 대표, 서ㅇㅇ 부대표, 김ㅇㅇ과 고소인 1명과 피고인이 동석하여 조사를 받았습니다. 조사에서 3명의 피고인들은 이번 사건과는 피고인은 직접 관계한 사실이 없음을 진술하였습니다. 피고인은 사건이 진행된 시기에 ㅇㅇ동 ㅇㅇ지사에서 근무하여 무관하였음을 검사님께 진술하였습니다.

경영 방침도 각 지점과 ㅇㅇ 본사의 각 팀별로 별도 독자적인 정산체제로 다른 팀의 투자자에게 접근하는 것을 엄격하게 규제하며 금기시하였습니다. 피고인은 고소인들과는 일면식도 없으며 투자유치를 권유하고 사업 설명과 설득한 사실도 전혀 없으며 투자로 인하여 발생되는 수익금도 한 번도 수령한 사실이 없었습니다.

2017년 ㅇ월 ㅇ일 2차 조사에는 피고인에게 불참할 것을 지시하셨습니다. 나머지 4명에게는 출석을 통고하셨습니다. 조사가 끝난 후 조서 내용을 확인할 때 위 3명의 피고인들이 이 사건에 피고인이 무관한 진술 내용이 누락된 것을 검사님께 말씀드렸을 때 조서 마지막 부분에 기재하라고 하여 기재하고 서명 날인하였습니다.

피고인에게 고문이란 직함도 회사 설립초기 ㅇ의 적은 사업자 중에서 제일 연장자이며 고령으로 예우 차원에 불려진 호칭에 불과하며 회사에서 중책과 특혜가 부여된 임명직은 아니었습니다.

피고인은 ㅇㅇ동 ㅇㅇ지사에서 피고인 명의로 2천만 원을 투자하고 이자 및 수당 등으로 만족하며 사업을 하였습니다. 피고인은 오랜 지병인 퇴행성관절염으로 보행에 불편을 느낄 정도이며 특히 녹내장으로 왼쪽 눈은 실명되었으며 남은 오른쪽 눈마저 0.3의 시력으로 하루가 다르게 잠식되어 가는 시신경을 의식하며 약물투약만을 의존하며 불안한 생활을 하고 있습니다. 피고인은 16개월이란 세월동안 많은 것을 뉘우치며 반성하고 여생 동안 법을 준수하며 성실한 인간으로 살아갈 것을 굳게 다짐하고 있습니다.

존경하는 재판장님,

고령으로 흐려진 판단력으로 모든 일을 단순하고 가볍게 생각한 과오를 넓으신 아량으로 깊이 헤아려 주셨으면 감사하겠습니다. 항상 건강하시고 가내 평온하시길 기원하겠습니다.

2018년 ○ 월 ○ ○ 일
위 피고인 이 ○ ○ 올림

반성문

- 사건번호: 2017노○○○○
- 사건명: 사기 및 유사수신행위규제에관한법률위반
- 수번: ○○○○
- 피고인: 이○○

존경하는 재판장님,

피고인은 오늘도 속죄하는 마음으로 반성하며 글을 올립니다. 16개월 이상 생활하며 고령으로 소일 삼아 생각 없이 선택한 일이 큰 과오를 범하고 뼈저리며 후회하고 있습니다.

지난 ○월 ○일 재판 시에 베푸신 말씀은 눈물이 앞을 가리게 하셨습니다. 이 미천한 피고인에게 건강까지 생각하시며 배려해 주신 고마움은 피고인이 생을 마감하는 날까지 마음속 깊이 간직하고 이 은혜를 보답하는 마음으로 오로지 준법정신에 이바지하는 자세로 한 가정의 성실한 남편과 세 딸들의 아버지 인자한 할아버지가 되어 살아가겠습니다.

존경하는 재판장님,

베푸신 은혜 정말 감사히 생각하겠습니다. 항상 건강하시고 가내 평온하시길 기원하겠습니다.

2018년 ○월 ○○일

위 피고인 이○○올림

반성문

- 사건번호: 2017노ㅇㅇㅇㅇ
- 사건명: 특정경제범죄가중처벌법위반(사기)
- 수번: ㅇㅇㅇㅇ
- 피고인: 박ㅇㅇ

존경하는 재판장님,

저는 특정경제가중처벌법상 사기죄 등으로 ㅇㅇ 구치소에 수감 중인 박ㅇㅇ입니다.

수용생활을 하며 법의 엄중함과 자유의 소중함을 뼈저리게 느끼고 있습니다.

무엇보다 저로 인하여 피해를 보신 많은 투자자 분들께 진심으로 사죄드립니다. 부족한 저의 잘못된 판단과 행동으로 인해 발생한 피해에 대해 차마 부끄러워 무어라 드릴 말씀이 없을 정도입니다.

저의 지난 과거를 가슴 깊이 반성하고 많이 뉘우치며 다시는 죄를 짓지 않겠다고 굳게 다짐하고 있습니다. 마음 깊이 죄송합니다. 그리고 ㅇㅇ세 어머니와, 아내, 아이들을 생각하면 너무 마음이 아프고 괴롭습니다. 저의 잘못 때문에 고통받고 있는 가족들에게 한없이 미안합니다.

평생 1남 5녀, 6남매 키우느라 고생하시고 저희 부부가 바빠 손자, 손녀까지 돌봐주시느라 건강까지 잃으신 ○○세의 불쌍하신 어머니, 결혼하고 21년 동안 홀시어머니 모시고 어려운 살림하느라 고생한 아내를 생각하면 지금의 이 상황까지 만든 제 자신이 너무 부끄럽고 죄스럽습니다. 그리고 전방에서 군 복무 중인 아들과 고등학교 3학년이라 대학 입시에 가장 민감한 시기의 딸에게도 미안할 따름입니다.

존경하는 재판장님,

다시 한번 저의 잘못을 반성하며 피해자 분들께 사죄드리며 용서를 빕니다. 뿐만 아니라 저 때문에 죄인 아닌 죄인이 되어 고통받고 있는 노모와 아내, 아이들에게도 참으로 부끄럽고 죄송하고 미안합니다.

하루 속히 제 잘못에 대한 죄의 댓가를 받고 늙고 병약하신 어머니께 효도하며, 한 가정의 가장으로 도리를 다하는 시간이 오기를 간절히 희망하고 있습니다.

존경하는 재판장님,

사회로 돌아가면 허황된 욕심 없이 가족들을 위해 땀 흘리며 성실히 살아가겠습니다.

늙고 병약하신 어머니와 불쌍한 저의 가족을 생각하셔서라도 최대한 빨리 가정으로 돌아 갈 수 있도록 간청합니다.

피해자 분들께 반성하고 용서를 다시 한번 구하며, 재판장님의 너그러우신 마음으로 최대한 선처를 부탁드리며 반성문을 제출합니다.

2017. ○○. ○○.

피고인 박○○ 올림

반성문

- 사건번호: 2017노○○○○
- 사건명: 특정경제범죄가중처벌법위반(사기)
- 수번: ○○○○
- 피고인: 박○○

존경하는 재판장님께.

피고인은 '2017노○○○○ 특정경제범죄가중처벌에관한법률위반(사기) 등'으로 서울구치소에 수용번호 ○○○○로 수감되어 있는 박○○입니다.

피고인은 원심에서 '유사수신에 관한 법률 위반죄'의 점에서는 공소사실을 부인하여, 징역 4년형을 선고받았습니다. 그러나 항소심에서는 피고인의 행위가 '유사수신에 관한 법률 위반죄'뿐만 아니라 '사기죄'에도 저촉된다는 원심재판부의 판단을 수긍하며, 이번 사건 관련 피고인의 잘못을 가슴 깊이 반성하고 있습니다.

존경하는 재판장님,

무엇보다 먼저 피고인의 잘못된 판단과 선택 그리고 부질없는 욕심 때문에 발생한 수많은 피해자 분들께 경제적 아픔뿐만 아니라 정신적 고통까지 드린 점 진심으로 사죄드립니다. 피해자들이 입었을 피해와 회사를 믿었던 만큼의 배신감 등은 어떠한 말로도 죄송한 마음을 표현할 수 없다는 것을 잘 알고 있습니다.

피고인은 수용생활을 하면서 저의 잘못을 반성하고 뉘우치며 다시는 이런 일이 없도록 해야 한다는 가장 큰 교훈을 깨닫고 있습니다. 두 번 다시 이와 같은 아픔과 고통이 발생할 어떠한 유혹과도 타협하지 않을 것입니다.

그리고 가족들에게도 용서를 빕니다. 지금 가장 걱정인 것은 ○○세의 홀어머니십니다. 1남 5녀의 못난 외아들 하나 믿고 평생을 고생하셔서 몸도 성하지 못한 상태로 지팡이에 의지해 접견 오시는 어머니를 뵐 때마다 가슴이 메어집니다. 글자 받침 없이 꾹꾹 눌러쓰신 어머니의 편지는 제 눈시울이 붉어지고 눈물이 앞을 가려 이 불효자를 더욱 슬프게 합니다.

또, 못난 남편 때문에 20년 넘게 홀시어머니 모시고 가족의 생계와 아이들 교육까지 책임지고 있는 불쌍한 아내와 고3 수험생 딸, 전방에서 근무하는 아들에게도 속죄합니다.

존경하는 재판장님,

다시 한번 피고인의 잘못으로 인해 피해 보신 피해자 분들께 진심으로 사죄드립니다. 뿐만 아니라 저로 인해 죄인 아닌 죄인이 되어 고통받고 계신 노모와 고생하는 아내와 아들, 딸에게도 너무나 부끄럽고 죄스럽습니다.

제가 너무 어리석고 미련하였습니다. 저의 잘못된 욕심이 수많은 피해자들을 가슴 아프게 했고, 사랑하는 가족들도 힘들게 만들었습니다. 모두에게 한없이 부끄럽고 너무 미안한 마음이 커서 차마 죄송하다는 말로 담아낼 수 없을 정도로 큰 죄를 지었으니 어떠한 처벌도 달게 받겠습니다.

　존경하는 재판장님,

　차마 염치없지만 가엾은 노모와 가족들을 불쌍히 여기시고, 뼈저리게 반성하며 다시는 죄를 짓지 않겠다고 굳게 결심하는 피고인에게 재판장님의 넓은 아량과 법의 관대함으로 간절히 최대한의 선처를 바랍니다.

2017년 ○○월 ○○일

피고인 박○○ 올립니다.

반성문

- 사건번호: 2017노○○○○
- 사건명: 특정경제범죄가중처벌법위반(사기)
- 수번: ○○○○
- 피고인: 박○○

존경하는 재판장님께.

피고인은 사건번호 '2017노○○○○ 특정경제범죄가중처벌에관한법률위반(사기)등'으로 **구치소에 수감 중인 수용번호 ○○○○ 박○○입니다. 피고인은 먼저 어떤 이유여하를 막론하고, 피고인의 잘못된 판단과 행동의 실수로 인하여 수많은 피해자 분들께 고통과 피해를 끼쳐 드린 점 진심으로 사죄의 말씀을 드립니다.

피고인은 현재 본인이 저지른 잘못들에 대해 진심으로 뉘우치고 후회하며, 다시는 이와 같은 잘못된 일들이 재발하지 않도록 하루하루 깊은 반성의 시간을 보내고 있습니다. 이번 사건으로 피고인은 괴롭고, 힘들고, 부끄럽지만 이 또한 피고인의 잘못된 욕심의 결과이기에 겸허하게 받아들이며 뼈저리게 뉘우치고 있습니다.

수많은 피해자들과 피해자 가족들의 아픔과 고통을 그 무엇으로도 달랠길 없지만, 차마 염치없이 진심으로 고개 숙이며 용서를 빕니다. 그리고 아무런 잘못도 없이 피고인으로 인해 힘들게 생활하고 있는 가족들에게 한없이 미안합니다.

1남 5녀의 외아들 하나 믿고 평생을 고생하신 ○○세의 홀어머니께 제대로 효도하기는커녕, 부끄러운 모습을 보여드리는 불효자가 되었습니다. 못난 남편 만나 홀시어머니 모시고 20년 넘게 어려운 살림 꾸려가며 두 아이 교육 시키느라 고생만 하고 있는 아내와 고3 수험생 딸, 전방에 근무하는 아들에게도 너무나 미안하고 부끄럽습니다.

죄수복 입고 비좁은 접견실에서 짧은 시간 만날 때마다, 두꺼운 유리판에 가로막혀 서로의 삶이 눈물로 연결될 수밖에 없는 현실이 괴롭고 비참하기까지 하지만, 이런 가족의 슬픔을 되풀이하지 않기 위해 다시는 죄를 짓지 않겠다고 굳은 결심을 하게 하였습니다.

존경하는 재판장님,

다시 한번 피고인의 잘못으로 손해를 보신 피해자 분들께 진심으로 사죄드리며 용서를 빕니다. 피고인은 이번 사건의 잘못을 교훈 삼아 어떠한 일이 있더라도, 다시는 불법의 유혹에 넘어가지 않고 준법과 양심의 테두리 안에서 올바른 길로 살아가겠습니다. 그리고 두 번 다시 사랑하는 가족들의 가슴에 깊은 상처가 남지 않도록 진실되게 살아가겠다고 감히 재판부에 약속드립니다.

존경하는 재판장님,

피고인이 저지른 잘못을 용서받고 모든 것을 되돌려 새롭게 출발하고 싶은 마음 정말 간절합니다. 하지만 저의 죄가 크기에 벌을 받으며 더 깊이 반성하며 회개하는 시간을 보내야 함을 압니다. 못나고 어리석은 피고인이 용기 내어 조심스럽게 판사님께 눈물로써 청합니다. 늙고 병약하신 가엾은 노모와 불쌍한 가족들을 생각하셔서라도 법의 관대함과 재판장님의 넓은 아량으로 최대한의 선처를 간절히 청합니다.

2017. ○○. ○○.

피고인 박○○ 올림

반성문

- 사건번호: 2017노○○○○
- **사건명: 특정경제범죄가중처벌법위반(사기)**
- 수번: ○○○○
- 피고인: 박○○

존경하는 재판장님께,

저는 2017노○○○○ 사건으로 지난 ○월 ○일 구속되어 **구치소에서 수용생활 중인 피고인 박○○입니다. 2017년 한 해를 구치소에서 보내며, 이번 사건 관련 저의 잘못뿐 아니라, ○○년 제 인생을 가슴 깊이 후회하고 반성하며 뼈저리게 뉘우치고 있습니다.

무엇보다도 저의 잘못된 선택과 어리석은 행동으로 인해 고통받고 계신 피해자 분들께 진심으로 사죄드립니다. 투자하신 분들이 오랜 기간 아끼고 저축하여 모아온 자금을 투자하셨다가 피해를 보셨을 것이라 생각하니, 저의 죄가 너무나 크기에 차마 죄송하다는 말조차 염치없을 정도로 부끄럽습니다.

이 시간 가장 답답하고 힘들어하고 계실 피해자 분들과 피해자의 가족분들께 진심으로 죄송합니다. 뿐만 아니라 저의 잘못으로 인해 죄인 아닌 죄인이 되어버린 가족들에게 한없이 미안합니다.

1남 5녀의 6남매 키우시느라 고생하셔서 늙고 병약하신 ○○세의 홀어머니 생각하면 너무나 큰 불효를 저지르고 있기에 가슴이 미어집니다. 늦은 밤까지 못난 외아들 어서 오라고 기도하시며, 받침 없는 손편지를 구치소에 있는 제게 보내시는 연로하신 어머니께 너무나 죄송합니다. 그리고 21년이나 홀시어머니 모시고 어려운 살림하며 고생하는 아내와 올해 수능 보고 대학에 합격한 고등학교 3학년인 딸, ○월에 군대 전역하고 대학 복학을 앞둔 아들에게도 너무나 부끄럽습니다.

사랑하는 가족들을 위해서라도 다시는 법을 어기는 일이 없을 것입니다.

존경하는 재판장님,

다시 한번 저로 인해 피해 보신 투자자 분들께 진심으로 가슴 깊이 사죄드립니다. 또한 저를 사랑해 주는 가족들에게 신뢰를 주지 못한 점 부끄럽게 여기며 뉘우치고 있습니다.

존경하는 재판장님,

1년 가까이 수용생활하며 법의 엄중함과 자유의 소중함을 뼈저리게 느끼며 지난 저의 잘못들을 가슴 깊이 반성하고 후회하며 다시는 죄를 짓지 않겠다고 수없이 다짐하였습니다. 저의 죄에 대한 벌을 받고, 사회에 필요한 사람이 될 것이며, 올바른 한 가정의 가장으로 거듭나겠습니다.

부끄러운 죄인인 제가 감히 재판장님께 청이 있다면, 늙고 병약하신 어머니와 두 대학생 뒷바라지 하느라 혼자 고생하는 아내를 불쌍히 여기시어, 재판장님의 넓은 아량으로 최대한 선처를 간청합니다.

2017년 ○○월 ○○일

피고인 박○○ 올림

반성문

- 사건번호: 2017노ㅇㅇㅇㅇ
- 사건명: 특정경제범죄가중처벌법위반(사기)
- 수번: ㅇㅇㅇㅇ
- 피고인: 박ㅇㅇ

존경하는 재판장님께.

피고인은 2017노ㅇㅇㅇㅇ 사건으로 2017년 ㅇ월 ㅇ일 구속되어 ＊＊구치소에 수용 중인 박ㅇㅇ입니다.

지난 12개월 동안 수용생활을 하며 법의 엄중함과 자유의 소중함을 뼈저리게 느끼며 과거의 제 잘못을 가슴 깊이 후회하고 있습니다.

무엇보다도 먼저 저의 잘못으로 인해 피해를 보시고 아픔을 겪고 계신 피해자 분들께 진심으로 사죄의 말씀을 올립니다. 1년 전 구속된 후 저는 저의 잘못된 판단과 부족한 선택 때문에 피해자들이 발생했음을 반성하였습니다.

하지만 1년 동안 수용생활과 재판을 받으며 저의 생각이 바뀌었습니다. 모든 잘못의 근원은 저의 잘못된 판단과 선택 이전에 제 자신의 허황되고 어리석은 욕심 때문이었음을 깨닫게 되었고, 이를 가슴 깊이 반성하며 후회하고 있습니다. 피해자 분들과 재판장님께 진심으로 죄송합니다.

뿐만 아니라 저 때문에 죄 없는 가족들까지 힘들게 해서 너무나 미안합니다. 6남매 키우시며 외아들인 저 하나 기대하시면서 살아오시느라 늙고 병약하신 홀어머니께 죄송합니다. 못난 아들 만나러 지팡이 짚고 접견 오실 때마다, 한글 받침도 틀려 가면서도 꾹꾹 눌러 쓰신 어머니의 편지를 읽을 때마다 어머니의 큰 사랑에 엄청난 불효를 저지르고 있는 저의 가슴이 미어집니다.

그리고 신혼 초부터 20년 넘게 홀시어머니 모시고 어려운 살림하며 두 아이 키우느라 고생한 아내에게도 무어라 할 말이 없을 정도로 미안합니다. 군대를 전역하여 복학을 앞둔 아들과 ○월에 대학 신입생이 되는 딸에게도 부끄럽습니다.

존경하는 재판장님,

지난 12개월 수용생활을 하며 저의 지난 잘못들과 어리석었던 욕심을 가슴 깊이 반성하며 후회하고 있습니다. 다시 한번 피해자 분들께 진심으로 사죄드립니다. 어떠한 말로도 위로가 될 수 없음을 알면서도 차마 용서를 빕니다. 아픔을 겪고 계신 피해자 분들께 미안한 마음으로 평생을 부끄러워하며 살겠습니다.

존경하는 재판장님,

제가 지은 죄이기에 이를 인정하고 어떠한 처벌이라도 받으며 저의 지난 날들을 반성하여 앞으로 다시는 법을 어기지 않겠습니다. 하오니 늙고 병약하신 ○○세 홀어머니와 두 대학생 혼자 키우느라 고생하는 아내와 아이들을 불쌍히 보시고 가엾게 여기시어, 다시는 피해자를 만들지 않을 것을 굳게 다짐하는 피고인에게 관대한 처분을 부탁드립니다.

존경하는 재판장님,

저의 잘못을 반성하고 죄를 인정하는 피고인에게 부디 법이 허용하는 최대한의 선처와 재판장님의 넓은 아량을 베풀어 주시기를 간청합니다.

2018년 ○월 ○일

피고인 박○○ 올림

재판장님 귀중

반성문

- 사건번호: 2017노○○○○
- 사건명: 특정경제범죄가중처벌법위반(사기)
- 수번: ○○○○
- 피고인: 박○○

존경하는 재판장님,

피고인은 '2017노○○○○' 사건으로 ＊＊구치소에 수용되어 지난 잘못을 깊이 반성하고 있는 박○○입니다.

무엇보다도 본인의 잘못으로 인해 아픔을 겪고 계신 피해자 분들과 피해자 가족 분께 진심으로 사죄드립니다. 그 어떤 말로도 위로를 드릴 수 없는 부끄러운 상황에 차마 용서를 빕니다. 정말 너무 죄송합니다. 그리고 과거 법의 관대한 처분에도 불구하고 다시 죄를 지어 재판부에 한없이 부끄럽고 죄송합니다.

피고인은 원심에서 이 사건 공소사실 중 일부에 관하여 무죄를 주장하였습니다. 그러나 피고인이 무지해서였고 어리석어 그랬습니다. 그동안 ＊＊구치소에서 1년간 수용생활하며, 가슴 깊이 반성하고 뼈저리게 후회하며 뉘우치고, 상소심에 이르러 원심의 입장을 변경하여, 이 사건 공소사실을 전부 인정하고 재판부의 선처를 구합니다. 피고인이 진심으로 속죄하는 마음을 부디 받아 주시길 바랍니다.

피고인은 이번 일을 계기로 자신이 행한 경솔한 행동이 얼마나 잘못된 일인지, 그리고 그로인해 주변의 또 다른 선량한 사람까지 피해자가 될 수 있음을 깨닫고 가슴깊이 반성하며 자책하고 있습니다.

존경하는 재판장님,

다시 한번 피해자와 피해자 가족 분들께 머리 숙여 사죄드리며 차마 염치없지만 용서를 빕니다. 피고인은 이 사건 범행을 저지른 것을 진심으로 반성하고 뉘우치며, 본인과 사랑하는 가족을 위하여 앞으로 다시는 이와 같이 어리석은 잘못을 저지르지 않을 것을 재차 다짐합니다.

저로 인해 고통받는 가족들에게도 미안합니다. 못난 남편 만나 20년 넘게 홀시어머니 모시고 어려운 살림하며 두 아이 키우느라 고생한 아내와 아이들에게 부끄럽고 미안합니다. 두 대학생을 올해부터 혼자 뒷바라지해야 하는 아내에게 정말 미안합니다.

특히 저는 1남 5녀의 외아들로 평생 고생하셔서 병약하여 거동조차 불편하신 ○○세의 홀어머니가 계십니다. 어머니께서 더 힘들어지기 전에, 곁에서 따뜻한 진지라도 챙겨드리며 연로하신 어머니의 말동무라도 해드리며, 작은 효도라도 할 수 있도록 선처해 주시기를 간절히 소망합니다.

존경하는 재판장님,

피고인의 잘못에 대해서는 어떠한 형벌이라도 받아야 함이 마땅하오나, 저만을 기다리고 계신 병약한 노모를 불쌍히 보시고, 혼자 두 대학생을 키

워야 하는 아내를 가엽게 여겨 재판장님의 넓은 아량으로 피고인에게 최대

한의 선처를 베풀어 주시기를 엎드려 간청 드립니다.

  피고인은 평생 속죄하는 마음으로 살겠습니다.

2018. ○○. ○○.

피고인 박○○ 올림

반성문

- 사건번호: 2017노○○○○
- 사건명: 특정경제범죄가중처벌법위반(사기)
- 수번: ○○○○
- 피고인: 박○○

존경하는 재판장님,

피고인은 '2017노○○○○' 사건으로 ＊＊구치소에 수용되어 지난 잘못을 깊이 반성하고 있는 박○○입니다.

과거 법원의 관대한 처분에도 불구하고 또 다시 죄를 지은 제 자신이 너무나 부끄럽습니다. 무엇보다도 먼저 저의 잘못으로 인해 경제적으로 피해를 보시고 정신적으로 큰 아픔을 겪고 계신 피해자 분들과 피해자 가족 분들께 진심으로 사죄드립니다. 유난히도 추웠던 올 겨울의 엄동설한보다 더한 고통과 마음의 상처로 힘든 시간을 보내셨을 것이라 생각하니, 피해자 분들께 무어라 드릴 말씀이 없을 정도로 죄송합니다.

1년 넘게 수용생활과 재판을 받으며, 이렇게 벌을 받고 있는 이유가 저의 잘못된 판단과 선택 이전에 제 자신의 허황된 욕심과 어리석은 욕망 때문이었음을 깨닫게 되었고, 이를 가슴 깊이 반성하며 후회하고, 다시는 이와 같은 죄를 짓지 않겠다고 굳게 다짐하고 있습니다.

그리고 피고인의 잘못으로 인한 또 다른 피해자인 아무 죄 없는 가족들에게 미안합니다. 6남매 키우느라 고생하시며 못난 외아들 하나 믿고 생활하시는 ○○세의 노모를 생각하면 가슴이 미어집니다. 몸도 불편하셔서 곁에서 효도를 해도 부족한데 이렇게 걱정 끼쳐가며 엄청난 불효를 저지르고 있으니 벌 받아 마땅합니다.

20년 넘게 홀시어머니 모시고 어려운 살림하며 두 아이 키우느라 고생하는 아내에게 도움이 되지는 못할망정 큰 짐이 되고 말았으니 너무나 부끄럽고 두 아이들에게도 차마 할 말이 없을 정도로 미안합니다.

제가 죄를 지어 사랑하는 가족들의 마음까지 아프게 하였으니 그 죄를 진심으로 뉘우치고 속죄하며 다시는 죄를 짓지 않으며, 어떠한 피고인의 뒤늦은 후회와 반성하는 마음을 받아 주시길 소망합니다.

존경하는 재판장님,

다시 한번 저의 잘못을 반성하며 피해자 분들과 피해자 가족 분들께 진심으로 사죄드리며 간절히 용서를 빕니다. 저의 허황된 욕심과 어리석은 욕심으로 많은 피해자가 생겼으니 어떠한 변명의 여지도 없습니다. 피고인이 잘못하였습니다. 앞으로 사회로 돌아가서도 평생 이 사건을 부끄러워하며 반성을 게을리 하지 않을 것이며, 사랑하는 가족의 이름으로 다시는 이와 같은 죄를 짓지 않을 것을 굳게 다짐하오니, 늙고 병약하신 노모와 불쌍한 가족들을 가엾게 여기시어 최대한 선처해 주시기를 간청 드립니다.

저의 모든 죄를 인정하고 반성하는 어리석은 피고인에게 부디 재판장님의 넓은 아량으로 선처를 베풀어 주시기를 간청합니다.

2018년 ○월 ○일

피고인 박○○ 올림

재판장님 귀중

반성문

- 사건번호: 2017노○○○○
- **사건명: 특정경제범죄가중처벌법위반(사기)**
- 수번: ○○○○
- 피고인: 박○○

존경하는 재판장님,

피고인은 '2017노○○○○' 사건의 부끄러운 죄인 박○○입니다. 무엇보다도 저의 잘못된 판단과 행동은 물론 허황된 욕심으로 죄를 지어, 경제적·정신적으로 큰 고통을 겪고 계신 피해자 분들과 피해자 가족 분들께 진심으로 사죄드립니다. 정말 죄송합니다. 뿐만 아니라 과거 법원의 관대한 처분에도 불구하고 또다시 재판정에 선 제 자신이 너무나 부끄럽습니다. 또한 피고인의 어리석고 부질없는 욕심 때문에 수많은 피해자가 발생했고, 아무런 잘못도 없이 죄인 아닌 죄인이 되어 힘들어하는 가족들에게 무어라 할 말이 없을 정도로 미안합니다.

설날 연휴 때 가장 없이 외며느리와 손자, 손녀와 아버지 제사 잘 모셨다고, 불편하신 몸으로 지팡이 짚고 접견 오신 ○○세 노모의 눈물에 제 자신이 부끄럽고 죄송하여 한참을 울었습니다.

온 가족이 모인 명절에 즐거워야 정상인데 못난 죄인 때문에 암울한 분위기였을 것이라 생각하니 제 자신이 싫어지기까지 하였습니다. 그리고 피해자들의 가족들까지도 어렵고 힘든 명절 연휴였을 것이라 생각하며 피고인이 얼마나 큰 죄를 지은 것인지 깊은 반성을 하게 되었습니다. 나의 가정이 소중하듯 이웃의 가정도 소중함을 가슴 깊이 새기겠습니다.

존경하는 재판장님,

다시 한번 피해자 분들과 피해자 가족 분들께 진심으로 사죄드리며 용서를 빕니다. 피고인은 저의 잘못과 죄를 저지른 부분에 대하여 모두를 인정하고, 가슴 깊이 반성하며 뼈저리게 후회하고 있습니다. 그리고 다시는 이와 같이 피해자를 발생시키지 않을 것을 사랑하는 가족의 이름으로 다짐합니다.

또한 피고인은 평생 이 사건을 부끄러워하며 피해자들에게 사죄하는 마음으로 열심히 살겠습니다. 하오니, 늙고 병약하신 노모와 20년 넘게 홀시어머니 모시고 어려운 살림하며 두 아이들 키우느라 고생하는 아내를 불쌍히 여기시어, 부디 피고인에게 관대한 처분을 내려주시길 간청 드립니다.

존경하는 재판장님의 넓으신 아량으로 어리석은 죄인이 하루 속히 가정의 품으로 돌아가 노모께 효도할 수 있도록 선처해 주시기를 간절히 부탁드립니다. 피해자 분들께 진심으로 죄송합니다.

2018년 ○월 ○○일

피고인 박○○ 올림

재판장님 귀중

반성문

- 사건번호: 2017노○○○○
- **사건명: 특정경제범죄가중처벌법위반(사기)**
- 수번: ○○○○
- 피고인: 박○○

존경하는 재판장님께.

피고인은 1년 동안 ＊＊구치소에서 수용생활을 하며 제 자신의 잘못들을 가슴 깊이 반성하며 뼈저리게 후회하고 있습니다. 무엇보다 저의 잘못으로 인해 피해 보신 많은 피해자 분들과 피해자 가족 분들께 진심으로 머리 숙여 사죄드립니다. 정말 죄송합니다.

처음 구속되었을 당시 이○○ 대표를 원망하였습니다. 이 사건 이전에 개인적으로 이○○ 대표를 고소한 사건이 있었는데, 이○○ 대표가 돈을 줄 테니 합의해달라고 해서 ○○○에 갔다가, 돈을 빨리 받아가려면 자신의 일을 도와달라고 해서 일을 시작했기 때문이었습니다.

그러다가 이번 사건이 이○○ 대표만의 탓이 아니라 저의 잘못된 판단과 선택 때문이었음을 반성하게 되었습니다. 원심 재판을 진행하고 수용생활을 하며 이러한 저의 생각에 변화가 생겼습니다. 원심에서 피고인은 일부 무죄 주장을 하였으나 항소심에서는 저의 모든 잘못을 반성하고 뉘우치며, 공소 사실을 전부 인정하고 진심으로 재판부에 용서를 빕니다.

이 사건은 모든 자금을 혼자 관리한 이○○ 대표만의 탓도 아니고, 저의 잘못된 판단과 행동 때문만도 아니며, 저의 허황되고 어리석은 욕심 때문이었음을 뒤늦게나마 깨달았기 때문입니다.

존경하는 재판장님,

평생 이 사건을 부끄러워하며 피해자 분들께 사죄하는 마음으로 살아가겠습니다. 그리고 앞으로 다시는 이와 같은 잘못을 저지르지 않겠습니다. 다시 한번 고통받고 계신 피해자 분들과 피해자 가족 분들께 진심으로 사죄드리며 간곡히 용서를 빕니다.

순간적으로 돈의 유혹을 뿌리치지 못하고 허황된 욕심으로 죄를 지었으니 어떠한 벌이라도 달게 받겠습니다. 죄인이 무슨 드릴 말씀이 있겠습니까? 재판장님 잘못했습니다. 다만, 제게는 늙고 병약하신 ○○세 홀어머니가 계십니다. 1남 5녀 외아들 하나만 믿고 평생 고생하시며 살아오셨습니다.

못난 아들 만나러 지팡이 짚고 불편하신 몸으로 접견 오신 어머니를 뵈면 가슴이 미어집니다. 한글 받침도 틀려가며 제게 기운 내라고, 보고 싶다고 꾹꾹 눌러쓰신 어머니 편지를 읽을 때마다 눈물이 한없이 흐릅니다.

존경하는 재판장님,

저의 죄를 진심으로 반성하고 후회하며, 다시는 죄를 짓지 않을 것을 사랑하는 가족의 이름으로 다짐합니다. 늙고 병약하신 노모와 두 대학생 혼자 키우느라 고생하는 아내를 불쌍히 보셔서라도 제발 한번만 용서해 주십시오.

　재판장님 잘못했습니다. 너무 송구하고 염치없지만, 부디 재판장님의 넓은 아량과 법의 관대함으로 최대한의 선처를 베풀어 주시기를 엎드려 간청드립니다. 피해자 분들께 사죄드리며, 재판장님의 건강과 평화를 기원합니다.

2018. ○. ○.

피고인 박○○올림

반성문

• 사건번호: 2017노○○○○
• 사건명: 특정경제범죄가중처벌법위반(사기)
• 수번: ○○○○
• 피고인: 박○○

　존경하는 재판장님께.

　저는 '2017노○○○○'사건의 피고인 박○○입니다. 과거 법원의 관대한 처분에도 불구하고 또 다시 이렇게 된 제 자신이 너무나 부끄럽고 재판장님께 죄송합니다. 그리고 저의 잘못으로 인해 피해를 입고, 깊은 아픔 속에 있는 피해자 분들과 피해자 가족 분들께 진심으로 사죄드립니다. ＊＊구치소에서 1년 넘게 수용생활을 하면서 저의 지난 잘못들을 반성하며 후회하고 있습니다.

　이렇게 벌을 받고 있는 제 자신이 싫어질 만큼 버티기 힘든 시간도 있었습니다. 그럴 때에는 모든 회사 업무를 총괄한 이○○ 대표이사를 원망하기도 하였습니다. 그러다가 제가 이렇게 된 것은 누구의 잘못도 아니고, 제 자신의 허황된 욕심 때문이며, 어두운 죄의 유혹을 뿌리치지 못했기 때문임을 깨닫게 되었습니다.

또한 법의 엄중함과 무서움을 통해 자유의 소중함도 가슴 깊이 알게 되었습니다. 이러한 저의 부끄러움과 마주하며 피해자 분들과 저의 가족에게도 미안합니다.

지난 주 ○월 ○일, 재판장님이 바뀌시고 첫 심리였습니다. 재판장님께서 그 동안의 재판 내용을 정리해 주시며, 반성문, 합의서, 여동생의 탄원서 등 세심한 부분까지 살펴 주셨습니다. 또한 동일 내용의 사건으로 추가 사건이 있음을 고려해 재판 기일도 배려해 주셨음에 감사드립니다.

그리고 그 자리엔 못난 아들 보시려고 오신 어머니께서 누님과 함께 방청석에 앉아 계셨습니다. 1남 5녀 6남매 키우느라 몸도 불편하셔서 지팡이 짚고 다니시는 ○○세 노모께서 멀리 법원에까지 오신 것이었습니다. 그런데 어렵게 키운 아들이 죄수복을 입고 있고, 바로 앞에 두고도 뒷모습만 보시다가 눈인사만 몇 번 나누시고, 저는 다시 포승줄에 묶이었습니다. 어머니와 두 번째 눈이 마주쳤을 때는 이미 어머니의 눈에 이슬이 맺히셨고, 저는 더 이상 뵐 수 없어 고개를 돌리고 말았습니다. 어머니를 지척에 두고 인사도 제대로 못 드리고, 손 한번 잡아드리지도 못하는 제 자신이 너무도 슬프고 한심스러워 가슴이 미어졌습니다. 그러면서 저는 다시 굳게 다짐했습니다. 다시는 이와 같이 죄를 짓지 않을 것이라고 말입니다. 두 번 다시 어머니께 불효자가 되지 않을 것입니다.

존경하는 재판장님.

다시 한번 저의 허황된 욕심으로 죄를 지어 고통받으신 피해자 분들과 피해자 가족 분들께 진심으로 사죄드리며 용서를 빕니다. 그리고 다시는 이와 같은 죄를 저지르지 않겠다고 사랑하는 가족의 이름으로 맹세합니다.

재판장님, 피고인은 저의 잘못으로 많은 사람들을 아프게 하였으니 그 죄가 결코 가볍지 않습니다. 하오나 늙고 병약한 어머니와 아내, 아이들을 불쌍히 보시어 재판장님의 넓은 아량으로 최대한 선처해 주시기를 간청드립니다. 앞으로 사회로 돌아가 피해자 분들께 평생 사죄하는 마음으로 사랑하는 가족과 열심히 살아가겠습니다. 죄송합니다.

2018. ○. ○○.
피고인 박○○ 올립니다.

반성문

- 사건번호: 2017노○○○○
- 사건명: **특정경제범죄가중처벌법위반(사기)**
- 수번: ○○○○
- 피고인: 박○○

존경하는 재판장님께.

못난 피고인이 저의 죄를 부끄러워하며 피해자들과 재판장님께 후회의 눈물로 사죄의 글을 올립니다. 피고인의 허황되고 어리석은 욕심으로 인하여 많은 사람들의 가슴을 멍들게 하여 경제적·정신적으로 큰 아픔과 고통을 드렸으니 그 어떤 말로도 사과드릴 염치가 없습니다.

무엇보다 피해자 분들과 피해자 가족 분들께 진심으로 사죄드립니다. 그리고 과거 죄를 지어 형을 살고 또다시 죄를 지어 이 자리에 있는 것이 너무나 죄송합니다. 사건발생 후 회사의 모든 업무를 총괄하며 자금을 관리한 이○○ 대표를 원망하며 일부 무죄를 주장하기도 하였으나, 지금은 누구를 탓할 생각도 원망도 없습니다. 모든 것이 저의 잘못 때문임을 가슴 깊이 반성하며 뼈저리게 후회하고 있습니다.

존경하는 재판장님,

다시 한번 저의 잘못으로 인해 고통받은 피해자 분들과 피해자 가족 분들께 진심으로 사죄드리며 용서를 빕니다. 뿐만 아니라 저로 인해 힘들어하고 있는 가족들에게도 너무나 미안합니다.

이번 사건으로 1년 넘게 수용생활하고 있는 동안 고3이었던 딸은 대학생이 되었고, 군 복무 중이던 아들은 대학에 복학하였으며, ○○세 노모께서는 무릎 연골 수술을 하셔서 거동이 불편함은 물론 청각 장애 등급을 받으셨고, 20년 넘게 홀시어머니 모시고 어려운 살림해 오던 아내는 두 대학생을 혼자서 키우느라 힘든 시간을 보내며 못난 가장을 기다리고 있습니다.

존경하는 재판장님,

제가 잘못했습니다. 제가 어리석었습니다. 저의 허황된 욕심으로 인해 많은 피해자들이 생겼으니 그 어떤 변명의 여지도 없습니다. 저의 죄를 가슴 깊이 반성합니다. 그리고 다시는 이와 같이 죄를 짓지 않겠다고 못난 가장을 기다리는 사랑하는 가족의 이름으로 굳게 다짐합니다.

하오니 노모와 가족들을 불쌍히 보시어 재판장님의 넓으신 아량으로 피고인에게 선처를 베풀어 주시기를 간청 드립니다. 평생 이 사건을 후회하고 부끄러워하며 피해자 분들께 사죄하는 마음으로 열심히 살아가겠습니다. 진심으로 피해자 분들과 재판장님께 죄송합니다.

2018. ○. ○.
피고인 박○○ 올립니다.

반성문

- 사건번호: 2017노○○○○
- **사건명: 특정경제범죄가중처벌법위반(사기)**
- 수번: ○○○○
- 피고인: 박○○

존경하는 재판장님께.

＊＊구치소의 높은 담장 안에도 봄은 왔고 꽃이 피고 초록 잎들이 나와, 어느새 이 봄도 5월이 되었습니다. 어버이날을 며칠 앞두고 어머니 생각이 많이 납니다. 저는 1남 5녀의 다섯째, 외아들로 ○○도 ○○시 바닷가 외딴 동네에서 태어났습니다.

추운 겨울 샘물가의 얼음을 깨고 빨래해가며 어렵게 6남매를 키워주셨고, 샘물도 멀어서 물지게로 물을 길어 밥하고 설거지하시던 어머니의 모습이 지금도 눈에 선합니다. 그렇게 어렵게 외아들 하나 믿고 고생하신 어머니를 생각하니 가슴이 미어집니다.

어머니께서는 이제 ○○세가 되시어 몸도 불편하시어 지팡이에 의존해 생활하고 계십니다. 제가 곁에서 봄꽃구경도 모시고 맛있는 음식점도 다녀야 하는데, ○○살이 된 불효자식이, 거꾸로 노모께서 지팡이 짚고 구치소

접견장을 오시게 하고 있습니다. 어머니께 너무나 부끄럽고 죄송합니다.

존경하는 재판장님,

1년 넘게 수용생활하며 저의 잘못이 얼마나 큰 죄인지를 뉘우치고, 저의 죄로 인해 피해자 분들뿐만 아니라 피해자 가족들에게까지도 고통을 드렸다는 죄책감에 차마 죄송하다는 말조차 부끄럽고 염치없지만 진심으로 머리 숙여 사죄드립니다. 그리고 가족들에게도 너무나 미안합니다. 평생 외아들 하나 믿고 고생하서 거동까지 불편하신 ○○세 노모와, 20년 넘게 홀시어머니 모시고 어려운 살림하며 두 아이 키우느라 고생한 아내와 아이들이 못난 가장을 기다리고 있습니다.

재판장님!

피고인의 허황되고 어리석은 욕심으로 인한 잘못된 생각과 행동들을 가슴 깊이 반성하고 뼈저리게 후회하고 있습니다. 그리고 앞으로 다시는 이와 같이 죄를 짓지 않겠다고 사랑하는 가족의 이름으로 굳게 약속드립니다.

많은 피해자가 발생하였기에 피고인이 깊이 반성하는 시간이 필요한 것은 마땅하오나, 늙고 병약한 ○○세 노모와 가족들을 불쌍히 보시어, 부디 재판장님의 넓으신 아량으로 최대한 선처해 주시기를 간청 드립니다.

앞으로 평생을 지난 저의 잘못을 부끄러워하며 피해자들께 사죄하는 마음으로, 어머니께 효도하고 가정에 충실하며 이웃을 사랑하며 열심히 살아가겠습니다. 피해자 분들과 재판장님께 죄송합니다.

2018년 ○월 ○일

피고인 박○○ 올림

반성문

- 사건번호: 2017노○○○○
- 사건명: 특정경제범죄가중처벌법위반(사기)
- 수번: ○○○○
- 피고인: 박○○

존경하는 재판장님께.

며칠 전 ○○세의 노모께서 불편하신 몸으로 접견 오시어 10분 내내 하염없는 눈물을 흘리시는 모습에 제 가슴이 미어졌습니다. 재판장님 제가 잘못했습니다. 죄송합니다.

지난 2017년 ○월 ○일 구속되어 **구치소에 1년 4개월째 수용된 상태로 재판 받으며, 수도 없이 지난 잘못을 후회하며 피해자 분들께도 진심 어린 반성을 하였지만, 저의 반성과 뉘우침조차 피해자들과 피해자 가족들의 크나큰 상처를 치유하기에는 역부족임을 압니다. 사소한 잘못을 하여도 상대방에게 사과하고 용서를 구하는 것이 당연한데, 피고인은 많은 사람들에게 엄청난 잘못을 하였기에, 피해자 분들께 수백 번 용서를 구하고 또 구해야 인간으로서의 마땅한 도리라 생각합니다. 피해자 분들께 진심으로 용서를 빌며 사죄의 글을 올립니다.

처음에는 이렇게 된 것이 회사의 모든 업무를 총괄하며 자금을 관리한 이○○ 대표의 탓이라 원망하며 일부 무죄를 주장하기도 하였으나, 이내 모든 잘못은 그 누구의 탓도 아닌 제 자신의 잘못된 선택과 행동 때문임을 깊이 반성하며, 저의 어리석고 허황된 욕심을 부끄럽게 생각하고 있습니다. 그리고 처음부터 저의 잘못을 깨닫고 인정하며 용서를 구하지 못한 부분에 대해서도 깊이 후회하고 있습니다.

존경하는 재판장님,
다시 한번 저의 잘못 때문에 고통받고 계신 피해자 분들과 피해자 가족 분들께 진심으로 사죄드리며 용서를 빕니다. 그리고 저의 가족에게도 너무나 미안합니다. 1남 5녀, 6남매 키우느라 고생하셔서 몸까지 불편하신 ○○세 노모와 20년 넘게 홀시어머니 모시고 어려운 살림하며 아이들 키우느라 고생한 아내와, 아들과 딸에게 너무 미안하고 부끄러워 고개를 들 수가 없습니다.

존경하는 재판장님,
죄인이 무슨 드릴 말씀이 있겠습니까? 모든 것이 저의 잘못 때문입니다. 뒤늦게나마 저의 가슴을 치며 지난 잘못을 통곡하고 있지만, 이미 돌이킬 수 없기에 정말 죄송합니다. 저의 죄를 뼈저리게 후회하고 가슴 깊이 반성하며 앞으로 다시는 죄를 짓지 않기로 사랑하는 가족의 이름으로 다짐하오니, 늙고 병약한 어머니와 죄 없는 가족들을 불쌍히 보시어, 재판장님의 넓으신 아량으로 최대한 선처해 주시기를 간청 드립니다.
평생 저의 잘못을 부끄러워하며 한 가정의 가장으로 늙으신 어머니께 효도하며 가족을 사랑하며, 이웃을 배려하는 사람으로 살아가겠습니다.

2018. ㅇ. ㅇㅇ.

피고인 박ㅇㅇ 올립니다.

반성문

- 사건번호: 2017노○○○○
- 사건명: 특정경제범죄가중처벌법위반(사기)
- 수번: ○○○○
- 피고인: 박○○

존경하는 재판장님께.

사회와 격리되어 **구치소에서 1년 4개월 넘게 수용생활하며, 피고인 나이 ○○이 되어서야 제 인생을 진정 부끄러워하도록 선도해 주심에 감사합니다. 무엇보다 저의 잘못으로 인해 고통받고 계신 피해자 분들과 피해자 가족 분들께 가슴 깊이 사죄드립니다. 저의 잘못 때문이라 표현하기조차 부끄럽습니다. 저의 어리석고 허황된 욕심 때문이었음을 다시 한 번 사죄드립니다. 정말 죄송합니다.

처음에는 모든 사업을 총괄하며 자금을 관리한 이○○ 대표를 원망하며 일부 무죄를 주장하기도 하였으나, 돌이켜보니 제가 이렇게 된 것은 그 누구의 탓도 원망도 아닌 저의 잘못된 판단과 선택이었으며, 가장 근본적으로는 저의 허황된 욕심 때문이었음을 반성하며 후회하기에 이르렀습니다. 저의 잘못들을, 허황된 욕심들을 뼈저리게 반성하며 가슴깊이 뉘우치고 있으며, 앞으로 다시는 이와 같이 죄를 짓지 않겠다고 굳게 다짐하고 있습니다.

그리고 저의 가족들에게도 너무나 미안합니다. 병드신 아버지와 1남 5녀, 6남매를 혼자 키우시느라 고생하셔서 이제 몸도 불편하신 ○○세 노모와, 20년 넘게 홀시어머니 모시고 어려운 살림하며 두 아이 키우느라 고생하는 아내와, 아들과 딸에게 너무 미안하며 차마 고개를 들 수 없습니다.

불편하신 몸으로 접견 오시어 마냥 울고 가시는 어머니 뵐 때마다, 못난 아들 보고 싶다고 꾹꾹 눌러 쓰신 어머니 편지를 읽을 때마다, 혼자서 두 대학생 뒷바라지하며 고생하는 아내를 생각할 때마다 가슴이 미어집니다.

존경하는 재판장님,

늙으신 어머니의 아들로, 고생하는 아내의 남편으로, 두 아이의 아버지로, 제대로 된 가정의 가장 노릇 못하는 부족한 제 자신을 탓하며, 하루 속히 가정의 품으로 돌아가기를 꿈에서도 기대하고 있습니다.

하오나 많은 피해자들의 가슴을 아프게 한 저의 잘못을 알기에 그에 상응하는 처벌을 피할 방법이 없다는 사실도 압니다. 다만 늙고 병약한 노모를 하루 빨리 곁에서 효도할 수 있도록 재판장님의 넓으신 아량으로 조금이나마 선처해 주시옵기를 간청 드립니다.

존경하는 재판장님,

앞으로 사회로 돌아가 평생 이 사건을 부끄러워하며 다시는 죄를 짓지 않겠다고 사랑하는 가족의 이름으로 다짐합니다. 아울러 저로 인해 고통받으신 피해자 분들께 사죄하는 마음으로 이웃을 배려하며, 가족을 사랑하는 가장으로 열심히 살아가겠습니다. 다시 한번 피해자 분들과 피해자 가족 분들께 가슴 깊이 사죄드리며 용서를 빕니다. 죄송합니다.

부디 선처해 주시기를 간청 드립니다.

2018년 ○월 ○○일

피고인 박○○ 올립니다.

반성문

- 사건번호: 2017노○○○○
- 사건명: 특정경제범죄가중처벌법위반(사기)
- 수번: ○○○○
- 피고인: 박○○

존경하는 재판장님께,

피고인은 **구치소에 수감되어 16개월 넘게 수용생활하며, 하루하루 저의 죄를 가슴 깊이 뉘우치고 반성하며 후회의 시간을 지내고 있습니다. 저의 어리석고 허황된 욕심으로 인해 고통받고 계신 피해자 분들이 많이 계시기에 어떻게 사죄의 글을 올려야 할지 너무나 죄송합니다. 피해자 한 분 한 분께 사죄 드려야 하나, 제 부끄러운 반성의 마음을 담아 진심으로 사죄의 글을 올립니다.

지금 와서 저의 죄를 후회한다고 하여 이 사건 이전으로 돌아간다고 생각하지는 않습니다. 그리고 제가 지은 죄가 너무나 크기에 깊은 반성의 시간이 더 필요함도 압니다. 그러기에 법이 있는 것이 그냥 있는 것이 아니고, 하늘 또한 그냥 있는 것이 아니라는 평범하고 무서운 진리를 뼈저리게 느끼며, 저의 죄를 가슴 깊이 후회하고 있습니다.

존경하는 재판장님,

다시 한번 저의 죄로 인해 고통받으신 피해자 분들과 피해자 가족 분들께 진심으로 사죄드리며 용서를 빕니다. 뿐만 아니라 힘들어하고 있는 가족들에게도 너무나 미안합니다. 평생 외아들 하나 바라보며 6남매 키우느라 고생하셔 늙고 병약하신 ○○세 노모와, 20년 넘게 홀시어머니 모시고 어려운 살림하며 두 아이 키우느라 고생한 아내와, 아들과 딸에게, 부족한 아버지, 못난 남편, 불효자의 모습을 보여 참담한 심정입니다.

제가 죄를 지어 구치소에 있다 보니 가장으로서 가족들에게 해 줄 수 있는 것이 아무것도 없고, 오히려 피해를 주고 있는 것이 저에게는 크나큰 고통입니다. 특히 연로하셔서 몸까지 불편하신 노모를 생각하면 하염없이 눈물이 흐르며 가슴이 미어집니다.

재판장님, 제가 잘못하였습니다. 정말 죄송합니다. 저의 안일하고 허황된 욕심으로 많은 피해자가 발생해 사회에 물의를 일으킨 점 가슴 깊이 사죄드립니다. 고통받으신 피해자 분들과 힘들어 하고 있는 가족에 대한 죄송함과 미안함은 말로 표현할 길이 없으나 그저 죄송할 따름입니다.

평생 이 사건을 반성하며, 하늘을 우러러 부끄러워하며, 법을 엄중히 여겨 다시는 이와같이 죄를 짓지 않겠다고 사랑하는 가족의 이름으로 맹세하며 다짐합니다. 이 죄에 대한 처벌을 받은 후에도 새로운 각오로 사회에 도움이 되고, 가족을 사랑하는 가장의 모습으로 열심히 살아가겠습니다.

피고인의 부끄러운 마음을 읽어 주신 재판장님께 진심으로 감사드리며, 안타까운 한 가정이 무너지지 않게, 늙으신 노모 곁에서 하루라도 더 효도하며 혼자 고생하는 아내와 아이들을 돌보며 열심히 살아갈 수 있도록, 재판장님의 선처를 간절히 부탁드립니다.

피해자 분들과 재판장님께 진심으로 사죄 드립니다. 정말 죄송합니다. 부디 선처해 주시기를 간청드립니다.

2018년 ○월 ○일

피고인 박○○ 올립니다.

반성문

- 사건번호: 2017노○○○○
- 사건명: 특정경제범죄가중처벌법위반(사기)
- 수번: ○○○○
- 피고인: 박○○

존경하는 재판장님께.

저는 2017노○○○○ 사건의 피고인 박○○입니다. 2017년 ○월 ○○일 구속되어 1년 반 가까이 **구치소에서 수용생활하며, 저의 죄를 뉘우치고 반성하며 가슴 깊이 후회하고 있습니다.

무엇보다 저의 잘못으로 인해 고통받고 계신 피해자 분들과 피해자 가족 분들께 진심으로 머리 숙여 사죄드립니다. 정말 죄송합니다. 그리고 저로 인해 힘들어하고 있는 가족에게 너무 미안합니다.

피고인의 나이 이제 적지 않은 ○○이 되었습니다. 1남 5녀, 6남매 키우시느라 어머니께서는 당신의 젊음을 바치시어 뒷바라지 하셔서 지금은 늙고 병약한 ○○세의 할머니가 되셨습니다. 거동이 불편하신 어머니께서 이 못난 외아들 면회 오실 때마다 한참을 우시다가 가십니다. 차마 고개를 들 수 없습니다. 어머니께 너무 죄스럽습니다.

○○도 ○○의 바닷가 외딴 마을이 고향인 제가 학교 수업 마치고 공부하다 집에 가면, 어머니께서는 이미 어두워진 밤길 후레쉬를 들고 멀리까지 나오셔서 제가 오길 기다리고 계셨습니다. 그리고 안에 들어가면 따뜻한 밥상이 차려져 있었습니다. 그렇게 희생적이셨던 어머니께 너무나 죄송합니다. 막차 시간 맞추어 밥상 차려 놓고 마중 나와 계시던 어머니께서 ○○이 넘은 노모가 되신 지금도 ○○이 된 못난 자식을 기다리고 계십니다.

이렇듯 평생을 자식 마중 나와 계신 어머니께 가까이 곁에서 효도할 시간은 계속 줄어들고만 있기에 하염없는 눈물 흐르며 가슴이 미어집니다. 음력 ○월 ○일(○월 ○일)은 제가 ○○살 때 돌아가신 아버지의 제사가 있는 날입니다. 그리고 다음날인 음력 ○월 ○일(○월 ○일)은 평생 고생만 하신 노모의 ○○번째 생신이십니다. 아들이라고는 저 하나뿐인데 이렇게 구치소에 있으니 너무나 큰 불효를 저지르고 있습니다.

어려운 농사일 하시며 자식 잘되라고 힘겹게 공부시켜 주셨는데, 부끄러운 죄인이 되어 아버지 제사도 못 모시고, 노모의 생신상도 함께하지 못하니 이 얼마나 큰 불효자인지 깊이 반성하고 있습니다. 제가 구속되어 있는 동안 군대 간 아들은 전역하여 대학에 복학했고, 여고생이던 딸은 대학 신입생이 되었습니다. 그리고 이 두 대학생의 학비와 생활비를 아내 혼자서 어렵게 감당하고 있습니다. 저와 결혼해 20년 넘게 홀시어머니 모시고 어려운 살림하며 두 아이 키우느라 고생한 아내에게도 너무나 미안합니다.

존경하는 재판장님, 저의 잘못된 생각과 행동으로 인해 수많은 피해자들이 고통받고 있기에 무어라 말씀드려야 할지 염치없지만, 피해자 분들과 피해자 가족 분들께 진심으로 사죄드리며 용서를 빕니다. 그리고 저의 허황된 욕심이 큰 죄가 되었으며 마땅히 처벌 받아 반성하는 시간이 당연히 필요함도 압니다.

　이미 잘못하고 뒤늦게 후회한들 무슨 소용이며, 피해자들을 힘들게 해놓고 이제 와서 사죄드린들 무슨 의미가 있겠습니까? 하오나 죄송합니다. 재판장님, 제가 잘못했습니다. 정말 죄송합니다. 앞으로 이번 사건을 부끄럽게 생각하며 피해자 분들께 사죄하는 마음으로 열심히 살아가겠습니다. 그리고 다시는 이와 같이 죄를 짓지 않겠다고 사랑하는 가족의 이름으로 맹세하며 다짐하오니 늙고 병약하신 어머니와 고생하는 아내와 자식들을 불쌍히 여기시어, 부디 재판장님의 넓으신 아량으로 최대한 선처해 주시기를 간청 드립니다.

　피해자 분들과 재판장님께 진심으로 사죄드립니다. 정말 죄송합니다.

2018년 ○월 ○일

피고인 박○○ 올립니다.

반성문

- 사건번호: 2017노○○○○
- 사건명: **특정경제범죄가중처벌법위반(사기)**
- 수번: ○○○○
- 피고인: **박○○**

존경하는 재판장님께.

저는 2017노○○○○ 사건으로 2017년 ○월 ○일 구속되어 **＊＊구치소에서 수용생활하고 있는 피고인 박○○입니다. 시간이 흐를수록 후회가 깊어집니다. 정말 죄송합니다. 많은 피해자가 고통받았기에 차마 염치없지만, 이 마음 다하여 읍소하며 참회의 글을 올립니다.

무엇보다 피고인의 잘못된 생각과 행동으로 인해 고통받고 계신 피해자 분들과 피해자 가족 분들께 진심으로 사죄드립니다. 피해자 분들께 아픔과 상처만을 안긴 채 그 어떠한 표현도 구차한 변명에 지나지 않으며, 뒤늦은 후회나 사과도 아무 소용이 없음에 더욱 죄송합니다. 이렇게 큰 잘못을 저질러 많은 피해자가 발생하였는데 뒤늦게 후회하며 사과한다고 하여 모든 잘못이 없어지지 않는다는 당연한 진리 앞에 차마 무어라 드릴 말씀이 없습니다. 제가 잘못했습니다. 정말 죄송합니다. 많은 피해자들에게 큰 상처와 고통을 준 죄인이기에 가장 열악한 환경에서 벌을 받아 마땅합니다.

피고인은 **구치소에서 1년 반 가까이 수용생활하며 과거의 저의 잘못들을 반성하고 후회하며, 어리석었던 저의 마음을 없애는 시간을 보내고 있습니다. 이렇듯 피해자들의 아픔 이상으로 이 죄인에게 뉘우침의 고통이 되어야 하는 것은 당연하오나, 아무런 죄 없는 저의 가족들까지도 힘들어하고 있는 모습에 너무나 미안합니다. 저의 허황되고 어리석은 욕심으로 인해 엉켜 버린 제 인생의 또 다른 피해자가 가족입니다.

제게는 시골에서 농사지으시며, 1남 5녀 6남매 키우시느라 안 해 보신 일 없이 고생하신 어머니가 계십니다. 아버지께서 편찮으셨고 일찍 돌아가시어 어머니께서 어렵게 뒷바라지하시며 자식들 공부시키셨습니다.

저는 대학 졸업 후 학원을 운영하며 ○○학교에서 아내를 만나 결혼하여 단란한 가정을 이루었습니다. 저는 외아들이기에 처음부터 어머니를 모시고 살았습니다. 그러기에 어머니께서는 손자, 손녀를 보살펴주시며 키워주셨습니다.

그렇게 고생만 하신 어머니께서 이제 ○○세가 되셨는데, 제가 구속된 후 무릎이 안 좋으셔서 두 번이나 수술 받으셔서 몸도 불편하시고, 청각 장애 등급까지 받으신 상황입니다. 자식들 잘 되라고 못 먹고 못 입으시면서 공부시켰는데 평생 외아들 하나 믿고 고생하신 어머께 너무나 큰 불효를 저지르고 있어 가슴이 미어집니다.

또한 신혼 때부터 20년 넘게 홀시어머니 모시고 어려운 살림하며 두 아이 키우느라 고생한 아내와 아들과 딸에게도 너무 미안합니다. 하지만 아내와 자식들이야 나중에라도 잘해 줄 기회가 있겠지만, 늙으시고 병약하신 노모께서는 못난 아들을 마냥 기다려 주신다거나 미래를 장담할 수 없기에 걱정이 이만저만이 아닙니다.

사시기 바쁘고 어려워 제대로 배우실 기회조차 없으셨던 어머니께서 한글 받침도 틀려가며 꾹꾹 눌러 쓰신 못난 아들 걱정하시는 편지글을 읽을 때마다 하염없이 눈물이 흐릅니다. 한없는 죄송함으로 하루 속히 속죄하고 어머니께 돌아가 하루라도 더 효도해야 하는 못난 죄인의 부끄러운 마음을 헤아려주시기를 소망합니다.

존경하는 재판장님,

다시 한번 저의 허황된 욕심으로 인해 고통받으신 피해자 분들께 진심으로 사죄드리며 용서를 빕니다. 저의 잘못들을 가슴 깊이 반성하고 뼈저리게 후회하며, 앞으로 다시는 이와 같은 죄를 짓지 않겠다고 사랑하는 가족의 이름으로 맹세하고 다짐합니다. 앞으로 평생 이 사건을 부끄러워하며 피해자 분들께 사죄하는 마음으로 땀 흘리며 열심히 살아가겠습니다.

노모와 혼자 고생하며 두 아이 키우느라 고생하는 아내와 아이들을 불쌍하고 가엾게 여기시어 재판장님의 넓으신 아량으로 선처를 베풀어 주시기를 간청드립니다. 처절하게 반성하고 후회하며 사죄드립니다. 정말 죄송합니다. 부디 노모의 안타까운 마음을 헤아려주십시오. 죄인의 글 끝까지 읽어 주셔서 감사합니다.

2018년 ○월 ○○일
피고인 박○○올림

반성문

- 사건번호: 2017고합○○○
- 사건명: 뇌물공여
- 수번: ○○○○
- 피고인: 정○○

존경하는 재판장님,

저는 뇌물공여죄로 ＊＊구치소에 구속되어 있는 피고인 정○○이라고 합니다. 존경하는 재판장님 저는 2017년 ○월 ○○일 구속되어 ＊＊구치소에 현재까지 약 7개월 넘게 구속되어 있습니다. 약 7개월 이상 여기 구치소에서 생활하면서 많은 생각을 하면서 많은 것을 느끼고 많은 것을 반성하고 있습니다.

존경하는 재판장님, 저는 군대에 입대를 해서 대학을 가야겠다는 생각을 하였고 그래서 군대를 제대하자마자 공부를 열심히 해서 대학에 들어갔습니다. 뒤늦게 대학을 들어간 거라 남들보다 열심히 공부를 하였고 장학금도 몇 번 받았습니다. 저는 대학을 남들보다 늦게 들어가서 더욱더 열심히 공부를 했고 그래서 사람들이 선망하고 가고 싶어 하는 곳에 저도 취직하고 싶었으나 가족들의 권유로 대학을 졸업하자마자 외삼촌이 운영하는 지

197

금 이 회사에 입사하게 되었습니다.

저는 인정받고 싶고 성공하고 싶어서 열심히 일하면서 회사 생활을 하였습니다. 그래서 회사라는 조직에서 욕 안 먹고 칭찬받고 인정받기 위해서 상관이 시키는 것은 무조건 복종하고 따르면서 회사 생활을 하였습니다. 저는 너무나 회사조직에서 인정받고 싶고 성공하고 싶었기 때문에 제 스스로의 판단력이나 생각이 너무 짧았고 그래서 이런 죄를 저지르게 된 거 같습니다. 이렇게 성공에만 집착하고 조직에서 인정받기 위해서 이런 죄를 저지른 제 자신이 너무도 싫고 원망스럽습니다. 제 자신한테 욕을 하고 싶고 제 자신한테 마구 질타를 하고 싶습니다.

존경하는 재판장님, 저는 여기 **구치소에 ○월 ○일 구속되어 약 3개월 동안 **지방검찰청에 거의 매일 출두를 하였습니다. 검찰에 출두해서 검찰조사도 수십 차례 받았고 대질심문도 수차례 했으며 검찰에서 대기도 하였습니다.

이렇게 3개월 동안 검찰에 출두하다 보니 육체적으로나 정신적으로 너무 힘들었고 지금까지 제가 했던 일에 대해 너무 후회가 되고 내 자신이 너무 싫고 내 인생이 너무 원망스러웠습니다. 그러나 어차피 제가 죄를 저지른 것이고 그 죄에 대해서 벌을 받아야 하는 것이 마땅한 것이기 때문에 검찰조사에 충실히 임했고 깊이 반성하면서 있는 그대로의 사실대로 진술하였습니다.

존경하는 재판장님, 제가 지금까지 약 ○○년을 살아오면서 지금이 가장 힘든 순간이기도 합니다. 그래서 더욱더 제 자신이 저지른 죄에 대한 반성을 절실히 하고 있고 다시는 이렇게 불법적인 일을 하지 말아야겠다는 것을 절실히 뉘우치고 있습니다.

　존경하는 재판장님, 제가 구속된 이후 약 3개월 동안 검찰에 출두하면서 검찰조사를 받았고 그 이후부터는 재판을 계속 받고 있습니다. 현재까지 저는 제 죄에 대한 재판을 받으면서 저와 연관된 사람들의 재판에 증인으로 출석도 많이 하고 있습니다. 증인 출석을 지금까지 여러 차례 나가면서 상대방 피고인들을 보는 것도 너무나 힘들었고 여러 차례 법원에 나가서 증인 심문하는 것도 너무 힘들었습니다. 결국 제가 정신 차리지 않고 아무 생각 없이 살아온 이유 때문에 이런 죄를 저질렀고 결국에는 제가 이렇게 고통을 받고 있구나 생각하니 제 자신이 너무 원망스럽고 싫었습니다.

　존경하는 재판장님, 제 자신이 지금부터는 반듯하게 생각하고 정직하게 생활하면서 다시는 이런 죄를 저지르지 않도록 하겠습니다. 그래서 제 자신한테도 다시는 이런 고통을 주지 않고 제 자신을 스스로 원망하는 일이 없도록 하겠습니다. 이렇게 오랫동안 검찰조사를 받고 재판을 받으면서 정말 많은 것을 느끼고 있고 제 잘못에 대해서 절실히 뉘우치고 있습니다.

　마지막으로, 존경하는 재판장님, 제가 여기서 7개월 이상 구속되어 있으면서 가장 견디기 힘든 것은 제 아들, 딸을 보지 못하고 있는 것입니다. 아직 아들은 8살이고 딸은 5살입니다. 다른 것은 다 참을 수 있지만 내 자식들을 보지 못한다는 것은 정말 저한테는 너무나 큰 고통입니다. 제 자식들은 아직 어려서 제가 구치소에 있는 모습을 보여주지 못했고 제가 여기 구치소에 있는 것도 모릅니다. 제가 그냥 해외출장 가 있는 것으로 알고 있습니다. 저는 여기서 하루하루 제 자식들을 생각하면서 버티지만 때로는 제 자식들을 생각하면서 눈물도 많이 흘리면서 보내고 있습니다. 제 아들하고 딸이 너무나 보고 싶고 그리운데 볼 수 없는 것이 저한테는 여기서 가장 견디기 힘든 부분입니다.

존경하는 재판장님, 저는 제 자식들 때문이라도 다시는 이런 죄를 절대로 저지르지 않을 것이고 지금 이 순간도 제 자식들한테 너무나 미안하고 제 자식들이 너무나 안쓰러워서 지금 제 자신에 대해서 너무나 원망하고 있습니다.

존경하는 재판장님, 저는 지금 이 순간도 너무나 제 잘못에 대해서 깊이 뉘우치고 있고 다시는 이런 죄를 저지르지 않을 것을 맹세합니다. 저한테 가장 소중한 제 아들, 딸한테 더 이상 나쁜 아빠, 부끄러운 아빠가 되고 싶지 않고 제 자식들이 자랑스러워 할 수 있는 아빠가 되고 싶습니다.

존경하는 재판장님, 이번 사건으로 제 자신이 얼마나 생각 없이 살았고 너무 앞만 보면서 달려 왔구나 생각을 하게 되었고 그래서 일을 하면서 불법을 저지르게 되었던 거 같습니다. 여기 구치소에 수개월 구속되어 있으면서 제 잘못에 대해서 많은 반성을 하면서 깊이 뉘우치게 되었고 다시는 이렇게 불법적이고 정당하지 않은 일을 절대로 저지르지 않을 것을 생각하면서 맹세하게 되었습니다.

반성문

- 사건번호: 2017고합○○○
- 사건명: 뇌물공여
- 수번: ○○○○
- 피고인: 정○○

존경하는 재판장님,

저는 뇌물공여죄로 약 8개월 이상 ＊＊구치소에 수감되어 있는 피고인 정○○이라고 합니다.

재판장님, 제가 몇 번 반성문을 제출하였습니다. 그런데 이렇게 반성문을 계속 쓰는 이유는 제가 구속기간이 길어지면서 느끼는 것이 더 많아지고 제 죄에 대해서 생각하는 것이 많아졌기 때문입니다.

존경하는 재판장님, 저는 여기 구치소에서 8개월 이상 살고 있습니다. 여기서 수개월 살다 보니 제 자신에 대한 반성을 시간이 하루하루 지날 때마다 더 많이 하게 되었고 제 죄에 대해서도 깊이 뉘우치게 되었습니다. 제 죄에 대해서 정말로 절실히 반성하고 뉘우치고 있습니다. 제가 대학을 졸업하고 이 회사에 들어와서 약 13년을 근무하면서 무조건 열심히 해야 한다는 생각만 했고 결혼 전에는 친구들과 만날 시간도 없이 거의 매일 일만 했으며 현재 제 부인하고도 연애할 시간이 별로 없어서 만난 지 5개월만에 결혼을 하였습니다.

결혼하고도 저는 제 가족에 대해서 거의 신경을 못 쓰면서 토요일, 일요일도 없이 일을 하였고 일을 너무 과하게 하다 보니 제가 결혼한 지 7개월 됐을 때 그때가 제 아내가 첫째를 임신한지 5개월 됐을 때 A형간염으로 쓰러져 거의 죽다 살아났습니다. 약 3개월 동안 병원에 입원하면서 치료를 받았습니다.

존경하는 재판장님, 저는 진심으로 정말 열심히 일을 하다 보니 이런 잘못을 저지르고 죄를 짓게 되었습니다. 아무리 열심히 일하다 저질렀다고 하지만 죄를 지은 것이니 저도 제 잘못을 잘 알고 깊이 뉘우치고 있습니다. 정말로 절실히 깊이 뉘우치고 있습니다.

존경하는 재판장님, 저는 이번 사건으로 약 3개월 동안 검찰조사도 받았고 있는 그대로 진술하였습니다. 그리고 재판이 본격적으로 진행되면서 저와 공범인 사람들의 재판에 증인 출석도 하였습니다. 저는 지금 반성문을 쓰는 이 시점까지 11회 정도 증인 출석하여 증인 심문을 받았고 더 이상 증인 출석요구는 없는 상태입니다. 증인 출석하여 증인심문 받는 것도 힘들었지만 피고인석에 앉아 있는 피고인들을 보는 것이 인간적으로 너무 힘들고 고통스러웠습니다. 증인심문을 여러 차례 하면서 제 잘못에 대해서 수도 없이 뉘우치게 되었고 다시는 죄를 짓지 말아야 한다는 생각을 절실히 하게 되었습니다.

　존경하는 재판장님, 제가 구치소에 수감되어 제일 견디기 힘들고 어려운 것은 제 자식들을 보지 못하는 것입니다. 제 아들하고 딸을 보지 못한 게 8개월이 넘었고 제 자식들은 제가 해외출장 가 있는 것으로 알고 있습니다. 제 아내가 접견을 올 때마다 애들 얘기를 해 주는데 아빠가 너무 오랜 시간 안 보이니까 애들이 불안해하면서 아빠를 많이 찾는다고 얘기를 할 때마다 가슴이 찢어지는 거 같아서 너무나 견디기 힘들 때가 많습니다.

　요즘 들어서 제 아내가 접견 와서 애들 얘기를 많이 합니다. 제 아내도 많이 힘들어서 그런 거 같습니다. 제 자식들이 잘 견뎌왔는데 아빠를 오랜 시간 보지 못하니까 많이 불안해하는 것 같습니다. 제 아들, 딸을 생각할 때마다 너무나 마음이 아파서 너무나 힘들고 아픕니다.

　존경하는 재판장님, 제가 이 구치소에 8개월 이상 수감되어 있으면서 제 자신에 대해서 많은 것을 생각하면서 제 죄에 대해서 깊이 뉘우치고 반성하게 되었습니다. 그리고 저의 잘못으로 인해서 저의 가족, 어머니, 아버지 등 저와 관련된 많은 사람들이 고통을 겪고 있다는 것을 알게 되었습니다. 존경하는 재판장님 제 가족 그리고 저를 아끼는 사람들에게 더 이상 걱정과 고통을 주지 않겠습니다. 앞으로 절대로 이런 잘못을 저지르지 않겠습니다.

반성문

- 사건번호: 2017노○○○
- 사건명: 특수준강간등
- 수번: ○○○
- 피고인: 김○○

존경하는 재판장님께.

안녕하십니까? 존경하는 재판장님, 저는 특수준강간등의 죄로 ＊＊교도소에 수감이 된 소년수 ○살 김○○이라고 합니다.

제가 이 방에서 7개월가량 생활을 하면서 방 사람들이 하나둘씩 바뀌고 바뀌는 동생, 친구 형들의 얘기를 들어보았습니다. 친구, 형, 동생들과 얘기를 하다 보니 비록 이곳에서 만난 것이 좋은 인연은 아니지만 이 방 사람들과 저를 비교해 보면 방 사람들 몇 명에 비해 여태까지 저는 정말 좋은 환경에서 여태껏 생활하고 부모님의 관심을 받고 사랑을 받으며 살아왔습니다.

부모님이 계시지 않은 아이들과도 얘기를 해 보았는데 내가 만약에 부모님이 계시지 않았다면 하는 생각이 문득 떠올랐습니다. 내가 만약 부모님이 계시지 않은 상황에서 생활하고 자라왔다면 내가 이렇게 건강하게 밝게

씩씩하게 자랄 수 있었을까 하는 생각이 들었습니다.

저는 어렸을 때 아버지와 어머니가 이혼을 하셔서 아버지와 할머니 손에 길러졌습니다. 하지만 아버지와 어머니가 이혼을 하셨음에도 불구하고 아버지와 할머니는 어머니의 빈자리가 크게 느껴지지 않게 저에게 많은 사랑을 주셨고 많은 사랑을 받다보니 저는 더 좋은 상황에서 행복하게 생활할 수 있었습니다.

제가 밖에서 생활하는 것이 행복하다고 생각은 못 해 보고 부모님이 저에게 주는 관심이 저는 그 관심을 집착이라고만 생각하고 그 관심을 무시하고 떨쳐 버리려 했습니다. 그 관심이 소중한지도 모르고 말입니다. 지금 생각해 보면 이곳에 있어서가 아니라 부모님에게 왜 그랬는지 부모님의 관심을 받고 부모님 얘기에 잘 귀 기울이고 들었다면 이런 곳에 오는 일은 없었을 텐데 말입니다.

부모님의 말을 무시하고 듣지 않는 저였는데 이곳에 들어오고서도 부모님은 저에게 관심을 계속 주시고 이곳에 들어오고 나서야 부모님의 목소리 부모님의 얘기가 들려오기 시작했습니다. 저는 밖에 있었을 때는 위험한 상황에 처하고 나서야 부모님의 얘기를 귀 기울이고 용서를 구하고 이런 방식으로 살아왔습니다. 여기서 제가 사회에서 하던 행동들을 하루하루 반성하며 제 마음을 전하고자 이렇게 반성문을 적습니다.

이제는 제 중심적인 삶이 아닌 남을 배려하고 남을 배려하는 위주로 삶을 살아갈 것입니다. 지금까지 이 반성문을 읽어 주셔서 감사합니다.

반성문

- 사건번호: 2017노○○○
- 사건명: 특수준강간등
- 수번: ○○○
- 피고인: 김○○

존경하는 재판장님께.

안녕하십니까? 존경하는 재판장님, 저는 특수준강간등의 죄로 ＊＊교도소에 수감되어 수용생활 중인 ○살 소년수 김○○이라고 합니다. 오늘 점심을 먹고 있는 도중에 라디오에서 싸이의 아버지란 노래가 나왔습니다. 밥을 먹으면서 그 노래를 듣고 있는데 싸이의 아버지란 노래의 가사 중에 "아버지 이제야 깨달아요!"라는 가사가 있습니다. 이 가사를 듣고 문득 이런 생각이 들었습니다.

지금 아버지도 식사를 하고 계실 텐데 저 때문에 밥도 제대로 넘기지 못할 아버지를 생각하니 저도 부모님 생각에 너무 죄송한 탓에 밥도 제대로 넘어가지 않았습니다. 항상 저를 위해 먼 곳까지 가셔서 힘들게 일을 하시고도 저를 보러오실 때면 힘든 내색 하나 하지 않으시고 제가 힘들지 않냐고 물어보면 아버지께선 아들 얼굴 보러 오는데 힘든 게 뭐가 있으시겠냐고 제가 걱정하지 않게 말씀을 해 주십니다.

　그런 저는 아버지가 접견을 오실 때마다 얼굴을 마주 보고 얘기하는 게 면목이 없어서 아버지의 얼굴을 보는 게 너무나도 죄송스럽습니다. 제가 여태까지 사회에 부모님과 같이 부모님의 품에서 생활할 때에 모습을 떠올려 보면 내 자신이 왜 그렇게 행동을 했는지 이해가 가지 않고 나에게 있어 가장 소중한 것은 당연히 부모님인데 친구라고만 생각하고 부모님에겐 철없는 행동만 하고 이런 곳에 들어올 범죄만 하고… 부모님의 말을 잘 귀 기울여서 들었다면 이런 곳에 들어올리도 없었다는 것을 말입니다. 부모님의 사랑이 충분하였음에도 불구하고 저는 이런 흉악범죄를 저지르고 말았습니다.

　저에게 기회가 주어져 부모님의 품으로 돌아가게 된다면 부모님이 하시는 말씀에 귀 기울여서 들을 것입니다. 다시는 이런 곳에 오는 범죄 따위도 하지 않을 것입니다.

　처음이자 마지막으로 선처 한번만 부탁드립니다. 지금까지 이 반성문을 읽어 주셔서 감사합니다.

반성문

- 사건번호: 2017노○○○
- 사건명: 횡령 및 배임
- 수번: ○○○○
- 피고인: 정○○

존경하는 재판장님께.

안녕하십니까? 존경하는 재판장님. 많은 사람들과 사회에 상처와 불신을 남긴 제가 반성문을 올리는 것조차 핑계로 비칠까 조심스러워 망설이다가 이제야 펜을 듭니다.

저의 가장 큰 잘못은 제 잘못된 행위로 저만 벌을 받으면 되는데 많은 귀한 사람들에게 불명예와 고통을 주었고 지금 이 시간에도 저로 인한 걱정과 고통들이 이어지고 있다는 점입니다. 저만 아니었으면 이 사회 여러 곳에서 좋은 역할을 하고 계실지도 모르는 분들에게 죄송한 마음뿐입니다.

저는 가정이 너무 어려워 초등학교 때부터 신문 배달 구두닦이 등을 하면서 학교를 다녔습니다. 학창시절에 가족의 생계 때문에 공부를 거의 하지 못하고 스무 살 때부터 남대문시장에서 행상을 시작하여 정말 열심히 일을 하였습니다.

이와 같이 가난에 허덕인 경험이 있던 저는 지식이나 교양을 가꾸지도 못한 채 사회에 뛰어 들어 오직 제 몸뚱이만 열심히 일하면 되는 줄 알고 살아왔습니다. 가진 것도 배운 것도 없는 제가 유명 브랜드 화장품 회사의 회장이 되기까지 세상은 저의 부지런함과 성실함에 과분한 보상을 해 주었는데 저는 제게 주어진 행운이 제 능력에 합당한 것인 줄 알고 교만한 삶을 살아 오늘날 모든 불행을 자초하였습니다.

세상은 저를 사업가라는 이름표를 달아 주며 공익도 생각하고 기업의 사회적 가치를 분배하고 나누기를 기대했던 것인데 돌이켜보면 저는 물건을 팔고 계산만 할 줄 아는 장사꾼에 불과한 삶을 살았던 것 같습니다. 돈을 주고 고용한 직원들이 모든 것을 알아서 해 줄 것이라 안일하게 생각한 이면에도 교만이 잠재되어 있었던 것 같습니다. 저는 제가 지식기반이 없고 무지하다는 것을 누구보다 스스로 잘 알고 있기에 모든 회사 업무를 보통 사람들보다 몇 배 더 성심을 가지고 살폈어야 했는데 그러하지 못했습니다.

제가 개인이 아닌 법인을 세워 그 법인을 통해 모든 것을 이루어 냈음에도 일인주주라는 이유로 업무의 절차나 과정보다 무겁게 챙기지 못한 점도 정말 잘못하였습니다. 제가 너무나 허술하고 사회적 물의를 일으킨 사람이라 어떤 제 진심도 밝히기가 힘들고 또한 너무 많은 사람들에게 상처를 준 제가 제 진실을 이야기할 자격이 있는지조차 자신이 없지만 존경하는 재판장님과 판사님, 감히 간청드리건대 제 무지가 빚은 결과물들 때문에 인정받지 못하는 회사에 대한 제 진정성에 대한 오해만이라도 풀어 주시기를 간절히 소망합니다.

재판이 시작된 후 모든 것을 솔직히 밝혀 제가 받는 오해 부분은 밝혀 줄 줄 알았던 직원들은 하나둘씩 소극적이거나 자신의 입지 방어에 급급하는 것을 보며 처음에는 서운하고 속상했지만 제 주변 사람들의 모습이 결국 제가 만들어 온 제 가치를 고스란히 나타내 주고 있다는 것을 깨달았습니다.

제게 돈을 벌 수 있는 능력을 준 세상은 제게 사회의 약자를 배려하거나 기업의 공익성을 지켜나갈 그릇이 되는 사람이라는 믿음도 같이 준 것이었는데 저는 이를 배신하였습니다. 아무것도 없던 제가 사회에서 받은 이 큰 선물들에 대한 감사와 책임을 이제라도 깨달은 제 무지의 소치를 한번만 보듬어 주십사 당부 드립니다.

마음이 제대로 갖추어지지 않은 제가 사람의 아름다움에 관여하는 사업을 한다는 것도 마땅하지 않은 일인 줄 깨달았습니다. 제 마음을 올곧게 가지고 바른 기업가 정신을 담을 수 있는 화장품 사업을 이어갈 기회를 주신다면 장사꾼이 아닌 기업가로서 살아가도록 열심히 책도 읽고 공부하고 제가 아무것도 아닌 사람임을 늘 새기며 열심히 살아가겠습니다.

제게 물어야 할 죄들과 저로 인해 고통받은 사람들을 생각하면 입이 떨어지지 않지만 많은 가맹주들과 해외 사업 관련자들의 불안감 그리고 가장이라는 이름으로 제 회사에 꿈을 가지고 입사하였던 많은 사업 파트너들과 저로 인해 지금 이 시간에도 이어지고 있는 법인의 여러 측면의 상처들과 부작용을 살피시어 염치 불구하고 오해를 풀어 주십사 간청 드립니다. 제 어떤 진심도 제가 저지른 많은 잘못들에 가려 나타나기가 어려운 시간임을 알고 있습니다.

존경하는 재판장님 그리고 판사님,

제 잘못에 대한 재판 결과에 대해서는 모든 것을 받아들여야 하는 것이 피고인의 도리이지만 제발 제가 가지지 않았던 고의나 인식이 오해로 인해 묻혀 버리지 않도록 신의 혜안으로 보살펴 주십사 마지막 간청을 올립니다. 이 못난 피고인의 서신을 읽어 주심을 진심으로 감사드립니다.

2017년 ○월 ○일

죄인 정○○

반성문

- 사건번호: 2017노〇〇〇
- 사건명: 조세포탈
- 수번: 〇〇〇
- 피고인: 임〇〇

〇〇지원에서 징역 3년과 벌금 13억 5천만 원을 선고받고 항소중인 피고인 임〇〇입니다. 피고인은 원심에서 억울한 사정이 있었기에 항소심에서 다시 한번 심사하여 주시옵기를 간청 드립니다.

피고인은 〇〇년생으로 해외 근로자였던 아버님께서 〇〇년 돌연 사고로 돌아가시면서 저희 가족은 몹시 어렵고 힘들게 보내야만 했습니다. 피고인은 11살 때부터 신문배달과 연탄을 나르면서 작은 수입이지만 생계에 보태야만 했고 사환으로 근무하며 야간 고등학교를 졸업하였습니다. 가난하고 어려운 형편이었지만 어머님과 누님의 신앙심 덕분인지 별 말썽 없이 성장했고 군 하사관에 지원하여 〇〇도에서 5년간 군복무도 하였습니다.

군 전역 후 버스 운전 등을 하며 공무원 시험에 도전하다 높아진 경쟁률을 넘지 못하고 가족의 만류에도 〇〇년 후반기 친구의 권유로 고물상에 취직하였고 〇〇년 〇월 난생 처음 저의 명의로 사업을 하게 되었습니다.

그 당시 저는 경험도 연륜도 부족했고 지금 생각해 보면 겁도 없이 사업체를 운영했던 것 같습니다. 때마침 국제금융위기로 원자재 가격이 폭락을 하였고 부족한 매입을 맞추기 위해 허위로 세금계산서를 교부받다가 ○○년 ○월 ○○ 세무서로부터 직권 폐업을 당합니다. 그러다 ○○년 ○월 조○○과 김○○이 매출, 자금, 세무 관리부터 영업장 관리까지 하기로 하고 피고인이 ○○을 매입하는 것으로 합의하여 ○○ 자원 영업을 시작하게 된 것입니다.

보시다시피 저 역시 고물상을 직접 운영해 본 것은 고작 1년 남짓 한 것이 전부입니다. 조○○과 김○○이 주장하듯 제가 뒤에서 누구를 조정하고 운영할 만큼 능력도 없었고 조○○과 김○○은 불법 영업을 오랜 기간 전문적으로 했던 터라 누가 시킨다고 하고 2, 3억의 형사 처벌을 대신 받아 줄 정도로 허술한 사람들이 결코 아닙니다. 분명한 사실은 자금을 쥐고 있던 조○○이 세금을 내야 하는 주체라는 것이고 조○○은 그 많은 돈을 가지고 세금을 전혀 내지 않은 것입니다.

저는 지불해 줘야 할 ○○대금도 모두 뜯기는 피해를 입은 데다 1심에서 중형이 선고된 것은 매우 억울한 일입니다.

존경하는 재판장님,

피고인의 잘못된 선택에 대하여 느끼는 책임감이 매우 무겁습니다. 그러나 피고인은 이미 업계를 완전히 떠나 건설근로자로써 근무하고 있으며 작년에는 건설기계조종면허도 취득하여 오퍼레이터로 승진하였고 피고인은 열심히 일하면서 어머님 수술도 시켜드려야 하며 누님 빚도 갚아 드려야 합니다.

부디 피고인에게 관대한 처분을 내려 주시어 기회를 주시옵기를 간곡히 부탁드립니다.

2017년 ○월 ○○일

피고인 임○○

반성문

- 사건번호: 2017노○○○
- 사건명: 특수준강간
- 수번: ○○○
- 피고인: 조○○

존경하는 재판장님,

저는 특수준강간죄로 ○○교도소에 수감 중인 ○○○ 조○○입니다.

저는 피해자에게 잊을 수 없는 고통을 남겨 주고 말았습니다… 저로 인해 피해자와 피해자 부모님이 큰 상처와 고통을 받으시고 얼마나 괴로우셨을지 상상조차 하기 힘들 정도로 죄송스럽습니다. 저는 이곳에 있는 동안 많은 반성을 하고 제 자신을 돌이켜 보았습니다.

정말 해서는 안 되는 행동이고 다시는 하지 말아야 하는 행동입니다. 저는 진심으로 깊이 반성을 하고 있고 잘못을 뉘우치고 있습니다. 피해자와 피해자 부모님께 진심으로 사죄를 드리고 싶습니다. 조금이나마 제가 지은 죄에 대하여 깊이 반성하고 죄책감을 가지고 피해자에게 항상 사죄하는 마음과 조금이나마 더 반성을 하는 마음을 조금이라도 알아주셨음 하는 마음으로 이렇게 반성문을 씁니다. 다시는 이런 일이 없도록 할 것이며 항상 반성하는 마음으로 살 것입니다.

존경하는 재판장님,

제 잘못을 진심으로 뉘우치고 있습니다. 이번 한번만 저를 용서해 주신다면 약한 자들을 도와주며 도덕적인 사람이 될 것입니다. 성실하고 배려하고 봉사하며 이 나라의 피해를 끼치지 않는 착한 사람이 되겠습니다. 정말 깊이 반성하고 잘못을 뉘우치고 후회하고 있습니다. 정말 죄송합니다.

반성문

- 사건번호: 2018고단○○○○
- 사건명: 사기
- 수번: ○○○○
- 피고인: 박○○

존경하는 재판장님,

오늘도 참회하는 마음으로 하루를 시작합니다. 저의 경솔한 행동과 판단으로 인하여 피해를 입으신 분들과 잠재적 피해자가 될 수 있었던 모든 분들에게 진심으로 반성하고 참회합니다.

존경하는 재판장님,

지난 ○월 ○일 가족들과 지인들의 참석하에 구형 3년을 받았습니다. 머릿속이 하얗고 다리에 힘이 풀리지만 처와 가족들이 울컥하는 모습에 눈이 마주치면 더욱 힘이 들고 아파할거라 생각하여 고개 숙이며 재판장을 빠져 나왔습니다.

구치소로 돌아와서 스스로의 복잡한 감정과 가슴 아파할 가족 생각에 또 다시 깊은 후회와 자책으로 주말 내내 생각에 잠겨 듭니다. 구속된 이후 저의 처는 오전에 4살 된 아들 ○○○을 어린이집에 데려다 주고 매일 저를 만나러 구치소로 와서 접견을 신청하고 10분 접견 시간 동안 이런 저런 이야기를 나누고 쓸쓸히 애써 웃으며 뒤돌아 가지만 구형 이후 월요일 접견에서 시간 내내 울먹이며 무서워하고 걱정하는 모습에 어떻게 표현을 해야 할지를 몰라서 걱정하지 말고 이제 접견 오지 말라고 마음에도 없는 말을 하며 상처를 주었습니다.

수감 생활을 하며 밖에서는 당연하게만 생각하고 아무렇지 않게 생각했던 사소한 모든 일들에 새삼 소중함을 느끼고 행복함을 알게 합니다.

저의 어리석은 행동과 판단으로 갑작스럽게 직장을 잃게 되어 생계를 걱정하는 회사 직원 분들과 동료 가장의 도리를 하지 못하여 남겨진 처와 아들을 안타깝게 지켜보는 장인어른과 장모님에게 죄송하며 부끄럽고 가슴이 메어옵니다.

또한 저로 인하여 피해를 입게 된 통신사와 관련 분들에게 다시 한번 고개 숙여 사죄드립니다. 깊이 반성하고 잘못을 뉘우치고 있습니다. 용서해 주십시오.

존경하는 재판장님,

범죄를 저지른 피고인으로서 저의 행위에 선처를 바라는 것이 이기적이라는 것을 잘 알고 있지만 간절한 마음으로 재판장님의 선처를 구합니다. 제 삶을 책임 있게 살아갈 준비가 되었으며 사회의 정직한 한 사람의 구성원이 되어 다른 이에게 도움이 되어 사회에 보답할 수 있도록 단 한번… 기회를 주시길 간절히 청원합니다.

부디 선처하시어 가족들 곁으로 돌아가 변화된 인생을 살아갈 수 있도록 다시 한번 간청 드립니다. 읽어 주셔서 감사합니다.

2018년 ○월 ○○일

피고인 올림

반성문

- 사건번호: 2017고합○○○
- 사건명: 특정범죄가중처벌등에관한법률위반(뇌물)
- 수번: ○○○○
- 피고인: 심○○

존경하는 재판장님,

안녕하십니까. 저는 사건번호 '2017고합○○○', '특정범죄가중처벌등에관한법률위반(뇌물)등'의 죄명으로 **구치소에 수감 중인 수용번호 ○○○○번 심○○이라고 합니다.

저는 ○○년, 공공기관인 ○○○에 입사하여 공직자로서 근무하였습니다. 그러나 ○○년, ○○년 사업을 수행함에 있어 사업 담당자인 저는 사업자간 엄격한 관계를 유지했어야 하는데 그러하지 못하였습니다. 용역업체 대표와 사업적인 관계를 넘어서 술자리를 함께하고 술값을 결제하게 하거나 금전을 수수하였습니다. 또한 체크카드를 건네받아 개인적으로 사용하였으며, 휴가 때에는 함께 해외여행도 다녀왔습니다.

이러한 모든 행동들은 제 스스로 올바른 처신을 못하였고, 아주 큰 잘못된 행위였음을 느끼게 되니, 더욱 뉘우치며 반성하게 되었습니다. 지난 ○

월 ○일 이후 ＊＊구치소에 수감되어 있는 동안, 지금까지 전개된 배경과 원인에 대하여 수도 없이 생각하고 고민해 보았습니다. 결국 저의 잘못된 생각과 판단, 행동으로 낳은 결과라 생각하니 너무나 후회스럽습니다.

  존경하는 재판장님,
  저는 이 사건을 조사받게 되면서 ○○○의 명예실추와 이미지에 먹칠했다는 것에 너무나 부끄럽습니다. 무엇보다 저에 대한 걱정으로 힘들어 하시는 부모님과 동생 가족, 그리고 늘 옆에서 격려해 주시고 믿어 주셨던 분들에게 커다란 실망을 안겨드려 매일 괴로운 하루를 보내고 있습니다. 하지만 이것 역시 짊어져야 할 책임에 대하여, 마땅히 받아들여야 할 현실이라 생각하고, 참회의 시간도 보내고 있습니다. 결코, 이 시간을 헛된 시간이라 생각하지 않고, 잘못한 행동을 뉘우칠 수 있는 소중한 시간이라 여기어 노력하겠습니다. 다시 한번 앞으로 주어진 시간을 저의 편으로 만든다면, 틀림없이 올바른 삶의 흐름을 되찾을 수 있을 것이라 믿고 있습니다.
  그리고 다시 사회로 돌아가게 되면, 공공에서 직접적으로 ○○○ 업무나 ○○○을 수행하며, 그동안 꿈꿔 왔던 목표들을 이룰 수 없게 되었지만, ○○○ 산업 현장에서 열심히 경주하며, 관련 분야 발전에 기여하도록 하겠습니다. 또한 그동안 살아가며 주변분들에게 많은 도움을 받았던 것처럼, 저도 주위를 돌아보며, 사회공헌과 봉사활동도 열심히 하도록 노력하겠습니다.
  지금까지 부족한 저의 글을 읽어 주셔서 감사드립니다. 재판장님 가정에 늘 평온과 행복이 가득하시길 기원합니다.

2017. ○. ○.
심○○

반성문

- 사건번호: 2017노○○○○
- 사건명: 특정경제범죄가중처벌법위반(관세)
- 수번: ○○○○
- 피고인: 모○○

존경하는 재판장님,

존경하는 재판장님께 다시 펜을 들어 반성의 글을 올립니다. 어느덧 ○○을 바라보는 나이. 지금의 제 모습을 그 무엇으로도 변명하거나 핑계 댈 수 없음을 잘 알고 있습니다. 하지만 그래도 그동안 나름 성실한 삶을 살아왔다고 스스로 위로하며 살아 왔었는데 지금의 제 모습은 한순간의 실수로 모든 것을 잃은 채 하루하루를 눈물로 시작해서 눈물로 끝을 채우며 어리석게도 지금에서야 소중한 자유를 애타게 갈망하며 지난날의 제 자신의 과오를 가만히 뒤돌아봅니다.

존경하는 재판장님, 10개월이란 시간이 짧다면 짧고 길다면 긴 시간이겠습니다만 아침 ○시 기상해서 저녁 ○시 취침 시간까지 제 의지가 아닌 이곳 구치소의 규정과 규칙에 맞추어서 살아가다 보니 진정 자유의 소중함과 날개를 잃어버린 인간의 삶이 얼마나 고달프고 비참한지 또 다시 저는 매일 똑같은 모습에 후회와 참회로 흘러내리는 눈물을 가만히 손을 들어 닦아내어 봅니다.

언제인가 TV 드라마나 영화에서 보았던 일들, 아니 꿈속에서나 보았을 것 같은 모습들이 지금 저의 현실이라는 것에 제 가슴은 천 갈래 만 갈래 찢어지는 깃민 같고 지금도 악몽이라 믿고 싶지 않은 생각에 스스로를 부정해 보지만 뿌리치면 뿌리칠수록 찾아오는 슬픔은 가슴에 멍에가 되어 상처로 더욱 얼룩지고 아픔은 눈물의 바다가 되어 가슴을 적십니다.

○○년 가까이 살아오면서 모든 사람들에게 불러졌던 저의 이름은 모○○이 아닌 ○○○○이라는 수번으로 바뀌어 불러지고 소중한 가족은 함께 행복을 소유하는 존재가 그리워서 애타게 찾아 헤매는 아픔의 존재가 되었습니다.

존경하옵는 재판장님, 그래도 이처럼 부족하고 이처럼 못난 죄인을 이혼한 전처가 용서하고 사랑한다며 하루가 멀다 하고 먼 길을 찾아와 줍니다. 그 사람과 저에게 주어진 하루에 10분이라는 면회시간, 그 사람은 혹시라도 아픈 제 몸이 더욱 악화되지는 않을까 걱정과 근심으로 멍하니 제 얼굴만 한없이 쳐다보다가 말없이 눈물만 흘리는 촉촉한 눈망울을 뒤로한 채 돌아서서 문을 열고 나갑니다.

당장 자유를 잃어버린 처지이기에 그런 안타까운 처와 손 한번 따뜻이 잡아 주지 못하고 그 사람과 저의 사이를 가로막고 있는 아크릴 판만을 바라보며 원망한 채 저 역시 돌아서서 접견실 문을 열고 나올 때면 이것이 진정 지옥보다 더한 고통이며 이별의 눈물은 흐르다 흐르다 메말라 더 이상 흐르지 못하고 아픔의 비수는 가슴속 깊이 박혀 고통에 사무쳐 몸부림치게

223

합니다.

　존경하옵는 재판장님, 잘못했습니다. 용서해 주십시오. 그동안 이곳 생활을 통해서 철저히 후회도 하였고 반성도 참으로 많이 했습니다. 이런 죄인의 마음을 헤아려 주어 면회시 울고 가는 가련한 제 아내의 안타까운 두 손을 따뜻이 잡아줄 수 있는 따뜻한 남편이 되게 하여 주십시오. 제발 관대하신 재판장님의 선처 감히 부탁드립니다.

　폭풍 후에 고요가 찾아오고 비가 온 뒤 땅이 더 굳어지듯 반드시 이번의 겪은 삶의 기회를 짓밟지 않고 기억해서 작은 것에 감사하며 사회에 봉사하면서 작은 마음 나누며 성실히 사는 참된 사람이 되겠습니다. 재판장님, 이제는 어떠한 상황에서도 정신을 똑바로 차리고 이번과 같은 바보 같은 삶은 절대로 살지 않을 것입니다.

　존경하는 재판장님, 다시는 재판장님 앞에 서지 않을 것을 맹세합니다. 부디 이 죄인 제2의 삶을 살 수 있도록 선처 부탁드립니다. 끝으로 존경하는 재판장님 가정 내에 늘 행복이 가득하시길 바라며 이만 반성의 글을 마칠까 합니다.

2017년 ㅇ월 ㅇ일

피고인 모ㅇㅇ

반성문

- 사건번호: 2017고합○○○
- 사건명: 특정범죄가중처벌등에관한법률위반(뇌물)
- 수번: ○○○○
- 피고인: 문○○

존경하는 재판장님 안녕하십니까, 저는 사건번호 '2017고합 ○○○', '특정범죄가중처벌등에관한법률위반(뇌물)등의 죄명으로 **구치소에 수감 중인 수용번호 ○○○○번, 문○○이라고 합니다.

봄에 회사를 떠났고, 초여름에 **구치소에 수감되었는데, 어느덧 찬바람이 불어오는 가을이 되었습니다. 그동안 시간이 흘러간 만큼이나 수없이 많은 생각을 하며, 고뇌와 회한의 밤을 보내고 있습니다. 그리고 하나하나 되짚어 가며, 그 간의 삶을 돌이켜 보았습니다.

○○○에 입사하여 근무하는 14년 동안 늘 회사의 업무가 사적인 일보다 우선이었습니다. 성공적인 사업결과와 원활한 업무수행과 완성도 높은 결과물을 얻기 위하여 많은 노력을 기울였지만, 결국 사업을 수행함에 있어 잘못된 처신으로 옳지 못한 행위를 범하였습니다.

그리고 열정, 자긍심으로 제가 이루고자 했던 꿈과 목표도, 모두 잃게 되었습니다. 지금에서야 제 스스로 얼마나 크나큰 잘못을 저질렀는지 느끼게 되었고 뒤늦은 후회와 질책의 시간을 걸으며 깊이 뉘우치고 있습니다.

저는 매일 반복되는 같은 하루의 일상을 그간 회사 업무에 쫓겨 미뤄 두었던 공부도 하고, 많은 서적을 읽으며 보내고 있습니다. 한편으로는 빠르게 흘러가는 시간의 의미와 소중함을 새삼 느끼게 되었습니다. 그리고 올바른 삶의 흐름을 되찾기 위하여 필요한 시간이라는 것을 잘 알고 있습니다.

다만, 매주 노심초사 걱정하시며 면회 오시는 부모님과 가족을 생각하면 가슴이 저려 오곤 합니다. 전 매번, 부모님께 "이곳에서 공부도 많이 하면서, 앞으로의 계획을 세워가며 잘 지내고 있으니 걱정하지 마세요."라고 말씀드립니다.

그런데 얼마 전 어머니께서 "너만 잘 있으면 되니, 밖에서 너 빨리 나오기만을 고대하며, 걱정하는 사람들은 어떻게 하니."라고 말씀 하시며, 근심 어린 표정을 지으셨습니다. 다시 한번, 불효자가 되었다는 현재의 생활에 가슴이 철렁 내려앉았습니다. 접견실을 나오는 내내 그 발걸음이 너무나 무거워 떨어지지 않고 3시간 동안 전철을 타고 집으로 돌아가시는 부모님을 떠올리니 눈앞이 먹먹해졌습니다.

존경하는 재판장님,

아직 제가 짊어져야 할 짐이 남아 있다는 것을 잘 알고 있습니다. 얼마나 더 그 짐을 지고 걸어야 할지, 그 끝은 보이지 않지만 끝까지 참회하며 묵묵히 걷도록 하겠습니다. 지금까지 부족한 저의 글을 읽어 주셔서 감사합니다. 그리고 재판장님 가정에 늘 평온과 행복이 가득하시기를 기원합니다.

2017. ○○. ○○.

피고인 문○○

반성문

- 사건번호: 2017노○○○
- 사건명: 사기
- 수번: ○○○○
- 피고인: 금○○

존경하는 재판장님,

저는 ○○구치소에 수감 중인 수번 ○○○○번 피고인 금○○입니다. 말로 해서 큰 위안이 되지 않을 거라는 것을 알지만 다시 한번 피해자 분들께 고개 숙여 충심으로 사죄를 드립니다.

지난 주 결심 이후부터 감정이 복받쳐서 연일 눈물을 흘리며 주말을 보냈습니다. 평생 흘릴 눈물을 흘리지 않았나 싶습니다. 그날 재판장 출석 후 나가려는 찰나에 재판정에 참석한 가족들과 눈을 마주쳤습니다. 아들로서, 동생으로서, 남편으로서 걱정이 되어 재판정에 참석하여 눈시울을 붉히고 있는 가족들이 무슨 죄인가 싶었습니다. 어쩌다 이렇게 끔찍한 죄를 지었나 싶습니다. 너무 속상하고 참담한 심정입니다. 죄지은 저 하나 벌 받으면 족할 것이다라고 생각을 했는데 막상 현실은 더 가혹했습니다.

"죄와 벌"이라는 것이 이토록 가혹할 줄 몰랐습니다. 못난 저 하나의 잘못으로 인해 온 가족이 고통을 같이 하고 있었습니다. 지금의 저로 인해 벌어진 모든 현실이 너무 후회스럽고, 고통스럽고, 죄송스럽기 그지없습니다.

"죄 짓고 살 수 없다"는 말이 새삼 소름이 끼칠 정도로 무섭게 심장을 후벼파는 듯합니다. 죄송합니다. 진심으로 잘못을 뉘우치고 반성하겠습니다. 앞으로 이 수많은 사람들이 입은 상처를 어찌 감당해야 할지 생각만 해도 너무 고통스럽지만 힘들다고 핑계를 대고 피하지 않겠습니다.

살아 있는 동안에는 평생 아픔을 같이 나누고, 회개하고, 반성하고, 봉사하는 실천적인 삶을 살아가도록 하겠습니다. 또한 두 번 다시는 위법한 일은 하지도, 쳐다보지도 않겠습니다. 절대 물질을 인생의 최고의 목표라고 생각하며 살지 않겠습니다.

존경하는 재판장님!

진심으로 남은 인생은 늘 한결같이 오늘의 이 뼈저린 상황들을 생각하면서 낮은 자세로, 반성하며, 사회에서 꼭 필요한 사람이 되겠다는 각오를 하면서 살겠습니다. 다시 한번 피해자 분들께 머리 숙여 깊은 사죄를 드립니다. 진심으로 잘못했습니다. 존경하는 재판장님!

2017년 ○월 ○○일
피고인 금○○ 올림

반성문

- 사건번호: 2017고단○○○
- 사건명: 사기
- 수번: ○○○
- 피고인: 김○○

존경하는 재판장님께 올립니다.

날씨가 매우 더운데 이런 글을 올리므로 번거로움 드려 정말 죄송합니다. 저는 ○○구치소에서 수감 중인 번호 ○○○번 김○○입니다.

존경하는 재판장님! ○월 ○일 재판일을 앞두니 도저히 재판장님 앞에 고개 들기가 죄송해 두서없이 글을 올립니다. ○월 ○일 첫 재판을 다녀와 많이 울고 후회하며 제 마음 각오로 반성하는 일기는 쓰고 있습니다. 저에 대한 채찍질입니다.

존경하는 재판장님! 어떤 환경과 이유에서건 성인으로 사회에 물의를 일으킨 점 정말 고개 숙여 사죄드립니다. 또 저 때문에 고생하시는 분들께도 정말 죽을죄를 지었고 깊이 뉘우치며 몇몇 분께는 사죄의 글도 드리고 있습니다.

　존경하는 재판장님! 저는 15년 전 남편이 다른 여자랑 살림을 차려 나가 할 수 없이 이혼하게 되었습니다. 저는 그 후로 핑계 같으나 남편 사랑을 못 받아 그런지 유독 친정 남동생을 남편 이상 의지하며 동생이라면 아무 생각과 겁도 없이 마구마구 돈을 빌려다 주며 따랐습니다. 제가 정신이 나 갔었나 봅니다. 정말 죽고 싶을 만큼 후회합니다.

　존경하는 재판장님! 그동안 동생이 운영하는 회사는 건물도 물류창고도 사고 은행 등급도 좋아 L.C가 열렸다고 하니 저는 충분히 돈 갚을 수 있다 고 믿고 또 코넥스에 상장됐고 좀 더 노력하면 코스닥에 갈 수 있다니 정 말 꿈도 컸습니다. 그러던 중 동생이 ○○년 ○월경 담낭암으로 갑자기 사 망하였습니다. 경위를 아무것도 모르는 저와 대표는 고문 변호사와 회사를 파악하고 정리해 끌고 가던 중 이번 일이 닥쳤습니다.

　존경하는 재판장님! 현재 회사는 고문 변호사님과 대표와 전문 경영진이 들어와 세워가고 있으며 재판 중 피해자들은 보상할 계획으로 재판에 임하 고 있습니다.

　존경하는 재판장님! 모든 것은 저와 제 동생의 미련함과 욕심 때문에 이 런 지경이 된 것을 깨닫고 진심으로 고개 숙입니다. 정말 잘못했습니다. 새 로운 각오로 임하겠습니다. 긴 글 읽어 주셔서 정말 감사드립니다.

존경하는 재판장님! 용서를 구하오며 앞으로의 재판에 사죄함으로 최선을 다해 임하겠습니다. 판사님의 여름 건강을 기도드리겠습니다. 안녕히 계십시오.

2017년 ○월 ○○일

김○○ 올림

반성문

- 사건번호: 2017노○○○○
- 사건명: 특정경제범죄가중처벌법위반(관세)
- 수번: ○○○○
- 피고인: 신○○

존경하는 재판장님,

저는 ○○년 ○월 ○일 특가법(관세법)으로 ○○교도소에 수감 중인 신
○○입니다. 한 번의 잘못된 판단으로 해서는 안 될 잘못으로 죄를 지어 수
감 생활을 한 지 9개월이 지나가고 있습니다. 외부와 격리된 환경에서 제
가 지은 죄에 깊이 반성하고 진심으로 뉘우치며 수용생활 하루하루 열심히
지내고 있습니다.

존경하는 재판장님,

저는 어린 시절 가정형편이 어려워 중학교도 중퇴하고 어린 나이에 객
지 생활을 하게 되었습니다. 열심히 일하며 결혼도 일찍 해 가장으로서 행
복한 가정을 이루었습니다. 두 딸도 태어나 즐겁게 어렵지 않은 생활을 하
던 중 저의 조그마한 개인 사업을 하게 되었습니다. 경영이 원활하지 못해

사업의 실패로 가정생활에 이혼이란 아픈 시련과 저에게는 가슴 아픈 정신지체장애 중증인 1급인 딸 양육과 갚아야 할 빚은 쌓이고 이 모든 어려움이 저에게 다가와 너무 힘든 생활이 지속되었습니다.

힘든 역경 속에서도 젊음이 있어 이번 죄를 짓기 전까지는 아무리 힘들어도 범죄로 돈 버는 일은 꿈에도 생각해 본 적 없이 열심히 불쌍한 딸아이를 돌보며 힘든 노동일도 해가며 살아왔습니다. 그러나 나이가 들고 지병이 생기면서 생활 형편은 나아지지 않고 딸아이의 장애는 막막하고 부모로서 불안한 노후가 걱정이 되고 절망적인 시점에 범죄의 유혹이 저에게 보이게 되었습니다. 인생 중에 지울 수 없는 분명히 잘못인 줄 알면서도 유혹을 뿌리치지 못하고 죄를 짓게 되었습니다. 이제 와서 후회해도 소용없다는 것을 깨닫고 고통 속에서 깊이 반성하고 있습니다.

딸한테는 아버지로서 자격이 없는 부모의 삶을 살게 되어 버렸습니다. 힘든 딸한테 마음의 고통을 주고 있는 현실에 어떤 아버지가 좋은 아버지인지 저는 그 순간에 착각을 했던 것 갔습니다.

힘든 노동일을 하면서도 부족한 딸을 돌보며 같이 생활하는 게 행복인 것을 알았습니다. 저는 지은 죄벌을 받고 나면 가족의 행복이 무엇인지 다시 한번 생각하고 실천하며 살겠습니다.

존경하는 재판장님,

저는 이렇게 나이 들어 생각이 부족해 죄를 짓고 수감 생활을 하면서 저자신을 뒤돌아봅니다. 아무리 힘들어도 자유가 있고 가족이 있는 그 시절이 저는 많이 그립습니다. 지난 시간들을 거울삼아 지은 죄를 진심으로 뉘우치고 반성하며 다시는 사회와 가족을 배신하는 어떠한 범죄 유혹도 저는 빠지지 않을 겁니다. 죄송합니다.

　제가 지은 죄는 제가 살아온 인생에 큰 오점으로 남을 겁니다. 꼭 그 깊이만큼 가슴속 깊이 새겨 남은 인생 후회 없이 살겠습니다. 죄송합니다.

2017. ○○. ○○.

신○○

반성문

- 사건번호: 2018고단○○○○
- 사건명: 국민체육진흥법위반(불법스포츠토토)
- 수번: ○○○○
- 피고인: 천○○

존경하는 판사님께.

안녕하세요, 저는 불법 스포츠 도박 사이트 관련하여 재판을 받고 있는 천○○입니다. 많은 업무 때문에 바쁘시겠지만 제 글을 읽어 주시기를 부탁드립니다.

판사님, 저는 이곳에 들어온 이후로 매일 과거 저의 행동들을 반성하며 후회하고 있습니다. 처음 이 일을 시작할 때부터 저는 불법 인터넷 도박 사이트가 사회에 많은 해악을 끼친다는 것을 알고 있었습니다. 그럼에도 깊이 생각하지 않고 단순히 돈을 벌겠다는 생각에 이처럼 큰 잘못을 저지르게 된 스스로가 몹시 부끄럽습니다.

절대 고생시키지 않겠다고 다짐하는 저를 믿고 저와 결혼해 준 제 아내는 요즘 찌는 듯한 더운 날에도 일주일에 세 번씩 꼬박꼬박 저를 찾아옵니다. 제가 수사를 받기 시작한 이후 아내는 누구보다도 저를 많이 생각하고 걱정해 주었습니다. 혹시라도 제가 속상해하거나 답답해할까봐 저를 찾아와서는 힘든 티도 내지 않고 어서 재판을 받고 하루라도 빨리 함께 지낼 수 있으면 좋겠다고 매번 저를 응원해줍니다. 그런 아내를 볼 때마다 저는 저 하나의 잘못으로 얼마나 많은 사람들을 힘들게 한 것인지 죄스러운 마음에 고개를 들 수가 없습니다.

저는 불법 도박 사이트를 운영하며 수많은 사람을 도박에 연루시키는 등 사회에 큰 해악을 끼쳤다고 생각합니다. 사회에 끼친 손해를 만회하고 어떻게 하면 부끄럽지 않은 남편이 될 수 있는지 고민하고 또 고민했습니다. 이곳에서 죗값을 모두 치른 후에는 어떤 일이든 마다하지 않고 일했던 과거의 경험을 살려 밑바닥부터 새로 일을 시작해 가장으로서 부끄럽지 않은 삶을 살겠습니다.

판사님, 제가 지은 죄가 정말로 큰 죄임을 잘 알고 있습니다. 그리고 어떤 말씀을 드리더라도 결국 변명에 불과하다는 것 역시 잘 알고 있습니다. 지금의 저는 못난 사람이지만 매일매일 뼈를 깎는 반성으로 죗값을 모두 치른 후에는 누구보다 열심히 삶을 사는 모습을 보여 드리겠습니다. 제가 정말로 잘못했습니다. 정말 죄송합니다.

2018. 0. 0.
천○○ 올림

반성문

- 사건번호: 2018고단○○○○
- 사건명: 도박장개설
- 수번: ○○○○
- 피고인: 사○○

존경하는 재판장님,

저는 도박장개설 등의 혐의로 구속되어 재판을 받고 있는 사○○입니다. ○월 ○일에 구치소에 들어와 처음에는 마치 시간이 멈춘 듯 아무것도 할 수 없는 저의 처지를 비관만 했습니다. 구속이 되지 않았다면 지금 이 상황이 되지 않았을 것이라는 잘못된 생각도 했었습니다. 하지만 지금 생각해 보면 소름이 돋을 정도로 무섭게 아직까지도 저의 정신 상태는 막연함과 요행에 의지하는 어리석은 생각이 가득한 허상에서 깨어나지 못하고 있다는 것을 느끼게 되었습니다.

그 허상에서 깨어나니 모든 일들과 지금의 상황 모든 것들을 객관적으로 볼 수 있게 되었고, 저의 잘못과 진실을 생각하니 누가 뭐라 할 것도 없이 후회와 반성으로 마음이 한시도 편하지 못했습니다. 시간을 되돌릴 수만 있다면 불법적인 일을 했던 시간들을 제 인생에 끼워 넣지는 않을 것입니다. 이전 성실하게 살아왔던 지난날들도 거짓이 되어 버렸고 세상에서 가장 소중한 사람들에게 실망과 좌절만 남겨 드렸습니다.

탐욕과 허영심으로 가득했던 저는 이제 마음에 조금이라도 남아 있는 아주 작은 욕심도 모두 버릴 것이며 소중한 사람들을 위한 성실한 삶을 살겠습니다. 지금이라도 많이 늦었지만 잘못된 선택으로 아내와 아이들에게 현재의 상황을 만든 제 자신이 너무나 어리석었다는 생각에 매일 자책하며 반성하는 시간을 보내고 있습니다. 저에게 다시 한번 기회가 주어진다면 아내와 아이들에게 부끄럽지 않은 떳떳한 가장이 되겠다고 수없이 마음속으로 다짐합니다.

존경하는 재판장님,

이번 사건과 연관이 있기 전에는 누구보다도 성실하게 살아왔습니다. 한번의 실수라 하기에는 너무나 큰 죄라는 것을 충분히 알게 되었습니다. 제 사랑하는 아이들에게 어리석고 떳떳하지 못한 아버지가 되는 일은 앞으로의 인생에서 다시는 남기고 싶지 않습니다. 그 어떤 큰 유혹이 온다 해도 두 번 다시는 법을 어기거나 제 양심을 속이는 일은 절대로 하지 않을 것입니다. 저는 이 사회에서 올바르게 살아가며 사회의 떳떳하고 올바른 구성원으로 열심히 살아가겠습니다. 물의를 일으켜 진심으로 죄송합니다.

2018. ○. ○○.

사○○

반성문

- 사건번호: 2017노○○○○
- 사건명: 사기
- 수번: ○○○○
- 피고인: 김○○

존경하는 재판장님께.

안녕하십니까? 저는 ＊＊교도소에 수감되어 있는 죄인 김○○입니다. 저의 유년시절 아버지의 병원치료비로 전답과 가축을 처분하여 가난의 굴레에 가족들의 고통이 수년에 걸쳐 이어졌습니다. 집안의 기둥인 장남이 잘되면 집안을 일으킨다는 아버지의 신념하에 형의 대학입학을 예단하여 저는 고등학교 진학을 포기하고 ○○ 직업 훈련원에서 1년간 기술을 배워 산업현장에 취업을 하게 되었습니다.

공장에서 일한 지 1년 남짓한 시기에 국방의 의무로 보충역 입대하여 고향 지역 군부대에서 복무하게 되었습니다. 학력의 부족함으로 현역입영 대상자에서 탈락하고 보충역으로 근무하게 된 저로서는 부모님 농사일을 도울 수 있는 계기로 생각되어 다행으로 생각하여 야간 경계근무를 지원하여 낮에는 부모님 일손을 거들며 복무를 했습니다.

복무 기간을 며칠 남기지 않은 시기에 ○○년 ○월에 할아버지께서 병환으로 돌아가시고 이듬해 ○○년 ○월에 아버지마저 운명을 달리하였습니다. 아버지께서 갑자기 돌아가시고 이듬해 ○○년 ○월에 ○○에 입사하여 외항선 선원으로 승선 생활을 하게 되었습니다. 승선 한지 2년 쯤 시골에 계신 어머니를 ○○에서 거주할 수 있도록 전셋집을 마련하여 ○○에서 어머니와 여동생이 생활할 수 있는 보금자리를 마련할 수 있어서 자식된 도리를 하였다는 보람을 갖고 성실한 마음으로 더 열심히 일할 수 있었습니다.

선상 근무에 성실히 임하며 시간이 흐르고 지나면서 단칸방에서 시작한 전셋집의 환경이 나아짐과 더불어 생활이 조금씩 윤택해짐을 느끼며 그런 모습이 저의 기쁨이 되어 북태평양의 거센 파도를 넘을 수 있는 원동력이 되었습니다. ○○에서 5년 정도의 시간이 경과하였을 즈음 어머니와 형제들의 육지에 정착하는 삶을 바라며 특히 어머니께선 아들이 결혼 적령기가 지나지 않을까 걱정과 채근하는 와중에 회사의 외국인 선원 고용 확대와 맞물려 퇴사를 하게 되었습니다.

퇴사 후 ○○에 소재한 ○○ 생산 공장 협력사에서 일을 하게 되었습니다. 콘베어 라인으로 이동하는 브라운관 반제품을 콘베어에 탑재하는 단순 노동을 6개월 정도 하였습니다. 작업 도중 실수로 유리가 파손되며 손목인대가 끊어지는 사고를 입으며 오히려 어머니의 근심 걱정만 초래한 꼴이 되고 말았습니다. 육지에서 평범한 주민으로 정착하는 삶이 저에겐 쉽지 않은 것 같아 다시 배를 타는 선원 생활을 고민하게 되었습니다. 한때는 대한민국의 무역사업에 공헌한다는 자부심을 갖고 거친 파도를 넘는다고 생각했으나 사회의 편견적 시선의 현실을 넘기 힘들었습니다.

존경하는 재판장님,

지금의 저로서는 선원에 대해 편견적인 시선마저 부러울 따름입니다. 재판장님께 선처를 바라며 용서를 구합니다. 한때 성실한 선원이었으나 지금은 어리석은 죄인이 읍소합니다.

2017년 ○월 ○○일

반성인 김○○

반성문

- 사건번호: 2019노ㅇㅇㅇ
- 사건명: 사기 및 전자금융거래법위반
- 수번: ㅇㅇㅇㅇ
- 피고인: 황ㅇㅇ

재판장님 안녕하십니까.

저는 보이스피싱 범죄의 인출책을 담당하여 구속된 황ㅇㅇ이라 합니다.

저는 이번에 재판을 받으면서 저에 대한 수사기록을 수십 번을 더 들춰보았고, 제가 저지른 행동이 피해자들로 하여금 얼마나 큰 피해를 입히는 죄였는지 명확히 인지하게 되었습니다. 저는 2019년 ㅇ월 말경 인터넷에서 고액 알바를 해 볼 생각이 없냐는 제안을 받았습니다. 어떤 일이냐고 물으니 카드를 누가 맡기면, 돈을 대신 인출해 주는 일이라고 했습니다. 사실 저는 중국에서도 다른 사람의 카드를 가지고 그런 일을 하면 불법이고 범죄이니 한국에서도 마찬가지로 범죄에 해당한다는 점을 어렴풋이 알고 있었었습니다. 그러나 인출 일을 하면, 매일 20만 원을 받을 수 있다는 생각에, 정상적인 판단을 하지 못했습니다. 저는 한순간에 돈에 욕심이 생겨서, 덥석 그 제안을 받아들였고, 이 판단을 뼈저리게 후회하고 있습니다.

구체적으로 저는 2019. ○. ○.경 ○○○ ○○점에서 피해자 이○○의 돈 347만 원과 최○○의 돈 238만 원을 인출하여 그들에게 큰 피해를 입혔습니다. 그리고 저는 2019. ○. ○.경 피해자 김○○의 돈 180만 원을 인출하여 큰 피해를 입혔습니다. 그리고 저는 피해자 이○○의 돈 230만 원을 인출하려다가 제가 가지고 있었던 김○○ 명의의 계좌가 지급정지되어서 인출하지는 못했습니다만, 피해자의 가슴에 큰 상처를 남겨드렸습니다.

그리고 저는 보이스피싱 윗선으로부터 체크카드를 여러 장 받아 보관하였는데, 이것이 정말 큰 범죄라는 점 또한 알게 되었습니다. 다시는 이런 짓을 하지 않겠습니다.

저는 2019. ○. ○. 저녁까지는 일을 받지 못하다가, ○. ○.경 일을 받고 검거되어 구속되었습니다. 막상 구속이 되고 재판을 받으면서, 저희 부모님께서 저를 위해 마련한, 힘들게 일을 해서 모은 돈 전부를 합의금으로 사용하시는 것을 보고, 제가 저지른 일들에 대해 뼈저리게 후회하게 되었고, 저의 행동이 피해자분들께는 씻을 수 없는 상처를 남겨드렸다는 것을 깨달았습니다.

저는 저에게 부과된 벌을 달게 받고, 정말 열심히 살아가겠습니다. 저에게 기회가 주어진다면, 이를 전환점으로 삼겠습니다. 그리고 제가 주위 사람들로부터 받은 사랑을 아무런 조건 없이 누군가에게 주는 소중한 삶을 살겠습니다. 감사합니다.

반성문

- 사건번호: 2019노○○○
- 사건명: 사기 및 전자금융거래법위반
- 수번: ○○○○
- 피고인: 황○○

재판장님 안녕하십니까.

저는 죄인 황○○입니다. 재판장님, 저는 경찰에서 처음에 일을 할 때에는 그것이 범죄라는 사실을 알지 못했다고 진술했습니다. 그리고 검사님 앞에서도 마찬가지로 진술을 했었습니다. 그리고 그것이 저의 변호사님도 그렇게 써 주셨던 것으로 압니다. 그러나 저번 반성문에서도 제가 썼듯이 그것은 저의 변명이었습니다. 제가 그렇게 말한 것은 처음에 그리 큰 범죄가 아니라고 생각했다는 것이었습니다.

그러나 처음에 몇 번 하다가 보니, 손이 떨리면서 너무나도 큰 범죄에 가담하였다는 것을 알게 되었고, 그래서 그만하겠다고 말했던 사실이 있습니다. 그러자 저에게 일을 시키는 사람이 그만하면 너를 신고하겠다. 너의 부모님도 잡아가게 하겠다고 이야기를 해서 너무나도 겁이 나서 섣불리 그만두지 못했습니다.

그리고 제가 큰 범죄 조직에서 빠져나오지 못했던 이유는 제가 보기에 제가 발을 담근 조직이 너무나도 커 보였기 때문입니다. 매일매일 활동 및 이동하는 곳을 보고하라고 해서 그렇게 했고, 그 사람은 저의 모든 생활을 잘 알고 있는 듯했습니다. 아침에 일어나서 ○시까지는 그 사람이 말하는 장소에 가 있었어야 했습니다. 거기서 카드를 받으면 그 카드를 찍어서 QQ창에 올렸고, 물품보관소에서 카드가 있는 것을 찾으면 들고 다른 곳으로 가라고 해서 가 있었습니다. 돈을 출금하면 그 돈을 들고 다른 곳으로 튀면 신고를 할 것이라는 말에 무서워서 바로 은행으로 가서 무통장 송금을 하였습니다.

존경하는 재판장님,
저는 경찰에 체포되자마자 바로 몸에 숨겨 두었던 카드를 다 제출했습니다. 후드 티에 숨겨 두었던 것이 언젠가는 들켰겠지만, 잡히자마자 바로 제출하지 못해서 너무나 죄송합니다.
제가 이런 범죄를 저질러서 피해를 입은 분들께 머리 숙여 사죄하고 싶고 평생 그분들께 지은 죄를 속죄하며 살겠습니다. 감사합니다.

반성문

- 사건번호: 2019노○○○
- 사건명: 사기 및 전자금융거래법위반
- 수번: ○○○○
- 피고인: 황○○

재판장님 안녕하십니까.

저는 황○○입니다. 재판장님, 저는 어리석게도 보이스피싱 인출책 일을 하였습니다. 제가 수감된 이후 계산을 해 보니 제가 이러한 범죄를 저질러 벌어들인 돈은 한국 돈으로 한 125만 원 정도 되는 것 같습니다. 제가 경찰에서 185만원이라고 진술한 것으로 되어 있었는데, 이는 제가 잘 모르고 진술했었습니다. 저는 일을 하면 하루에 적게는 20만 원 많게는 30만 원 정도를 받았는데, 거기서 퀵기사에게 주라고 하여 얼마를 주고 나면 한 25만 원 정도 남는 것 같고, 제가 인출한 것은 다해서 5번 정도이기 때문에 그렇게 생각합니다.

제가 이 돈을 벌자고 이런 큰 범죄에 가담하였다는 것이 너무나도 부끄럽고 슬픕니다. 물론 그 돈은 저에게 있어서 적은 돈은 아니었지만, 수감생활을 하면서 보니, 밖에서 성실하게 땀을 흘려 돈을 버는 것이 얼마나 소중하고 가치 있는 일인지 알게 되었습니다. 그리고 보이스피싱 범죄를 통해서 돈을 빼앗긴 분들의 마음이 얼마나 아플지 다시금 깨닫게 되었습니다.

조사를 받을 당시 검사님께서 저한테 하신 말씀이 기억에 남습니다. "그때 잡히지 않았다면 아직도 계속해서 이 일을 하고 있지 않았을까?"라고 말씀하셨는데, 지금 와서 생각해 보니 맞는 말씀이었습니다. 제가 법의 엄중함을 깨닫기 전에는 여전히 어리석은 판단과 행동을 했을 것이 분명합니다.

존경하는 재판장님.

저는 이제 알았습니다. 한국에서 열심히 일을 해서 부모님을 호강시켜 드리겠다는 저의 꿈을 이루기 위해서는 이렇게 살아서는 안 된다는 것도 잘 알았습니다. 다시는 죄를 짓고 살아가지 않겠습니다. 한번만 기회를 주십시오. 감사합니다.

반성문

- 사건번호: 2017고합○○○
- 사건명: 특정경제범죄가중처벌법위반(사기)
- 수번: ○ ○ ○ ○
- 피고인: 이○○

존경하는 판사님께.

저는 특경법위반(사기)등의 혐의로 ○○○○. ○. ○○.에 구속되어 ＊＊ 교도소에서 수감생활하고 있는 피고인 이○○이라고 합니다. ○○세라는 적지 않은 나이에 죄인의 몸이 되어 감옥에 갇혀 생활해 보니 여태까지 살아오면서 질곡 많았던 저의 인생살이가 그래도 행복했었구나라는 생각을 하게 되었습니다.

○○○에서 태어나 중학교 2학년까지 시골에서 학교 다니다가 청운의 꿈을 안고 ○○에 있는 ○○중학교로 중학교 3학년 때 전학하였습니다. 이때부터 방황하는 청소년기가 시작되었습니다. ○○상고에 입학했다가 등록금을 납부하지 못해서 등록 취소된 후 신문지국에서 배달원으로 일하면서 숙식을 해결하고 야간에는 검정고시 학원에 다녔습니다. 옹골찬 의지와 끈기가 부족하여 중간에 포기했다가 다시 시작하고 또 포기하는 방황의 연

속이었습니다.

  20대 중반까지 방황하는 허송세월을 보내고 있을 때 지금의 아내를 만나게 되었습니다. ○○세에 결혼을 하고 차츰 안정된 생활을 하게 되었습니다. ○○세에 ○○ 신문지국을 인수하여 사업을 시작하였는데 운이 좋게도 관할 지역에 신도시 아파트가 입주하는 바람에 호황을 누릴 수 있었습니다. 그때가 저한테는 전성기였다는 생각이 듭니다. 떡두꺼비 같은 아들이 생기고 토끼 같은 딸도 생겼습니다. 경제적으로도 안정되어 내 집도 장만하였습니다.

  하지만, 즐겁고 행복했던 ○○대의 시절도 오래가지 못했습니다. 저의 둘째 형님이 사업욕심이 많았는데 여행회사를 창업하고 이듬해 IMF 사태가 왔습니다. 기존의 쟁쟁한 여행사들도 부도가 나는데 이제 시작한 애송이 회사가 망하는 것은 불 보듯 뻔하다는 것이었습니다. 사업이 망하면서 사장만 망하는 게 아니라 보증인도 망한다는 것을 제가 직접 겪으면서 알게 되었습니다.

  사업체와 집을 정리하고 제2의 고향을 떠나 월세방 얻을 돈을 가지고 ○○년도에 ○○으로 가족과 함께 이사 왔습니다. 그때가 제 나이 ○○세였습니다. ○○에 이사 와서 친구가 책임자로 있는 회사에 취직을 하여 ○○세까지 10년 동안 근무하였습니다. ○○세부터는 제 사업을 하겠다는 결심을 하고 회사 퇴근 후에는 야간에 공인중개사 학원에 다니면서 1년 동안 열심히 공부하여 자격증을 취득하였습니다. 계획대로 ○○세부터 부동산 사무실을 개업하여 이번 사건으로 구속되기 전까지 일했습니다. 감옥에 있으면서 회상해 보니 여태까지 살아오면서 우여곡절도 많았다는 생각이 들었습니다.

존경하는 재판장님!

제가 저지른 잘못은 입이 열 개라도 드릴 말씀이 없습니다. 늦었지만, 가슴 깊이 후회하며 뉘우치고 있습니다. 부끄럽고 염치없는 바람인 줄 알면서도 재판장님의 자비로우신 은혜를 구합니다. 시간이 흘러 출소하게 되면 참회하는 마음으로 새 삶을 살겠습니다. 먼저, 제 아내가 활동하는 적십자 단체에 적극적으로 참여하여 어려운 이웃을 위하여 봉사하는 데 최선을 다하겠습니다. 남을 위해 봉사한다는 것이 결국은 제 자신을 위한다는 것을 이제야 깨달았습니다. 저의 못난 마음을 읽어 주셔서 감사합니다.

이○○ 올림.

반성문

- 사건번호: 2017노○○○○
- 사건명: 살인방조
- 수번: ○○○○
- 피고인: 박○○

존경하는 재판장님께.

저는 서울 ○○구치소에 재감중인 ○○○○번 박○○입니다. 이곳 구치소에 들어온 지 어느덧 9개월이 넘었고 1심 선고를 받은 지는 3개월이 넘었습니다. 결코 짧지 않은 기간이지요. 돌아보니 그동안 심정적으로 참 많은 일들이 있었습니다.

초기에는 제 죄의 무게가 실감 나지 않았고, 나중에는 그 무게에 짓눌려 숨을 쉴 수 없었습니다. 제 앞날이 오로지 외길로만 되어 있어, 사죄만을 반복하며 그 외엔 아무것도 꿈꾸지 못하고 살아가야만 할 것 같았습니다. 1심서 무기징역 선고를 받고 돌아온 이후부터는 특히나 더 그랬습니다. 절망적이고, 비참했으며, 죽고 싶었습니다. 분명 어딘가가 잘못된 건데 난 내가 하지도 않은 것까지 뒤집어써서 억울한데, 무기징역 선고를 받고 난 후로는 아무런 말도 할 수 없었습니다.

그 분위기 자체가 저더러 아무런 말을 하지 말라는 것 마냥 굴었습니다. 냉랭한 판사님의 말씀 하나하나가, 방청객들의 날카로운 눈빛과 소란한 침묵이 저에겐 공포였습니다. 아무도 진실 따위는 믿어 주지 않을 거라고, 제 머릿속에서 누군가가 공범의 목소리와 피해자의 형상으로 왕왕거리며 말해 댔습니다. 저는 그 목소리에 분노하고 그 형상에 울었습니다. 억울함과 죄책감이 뒤섞여 정말, 많이도 힘들었습니다.

그런 와중에 항소 신청을 하고선 며칠간은 정신이 하나도 없었습니다. 저를 믿어 주고 응원해 주시던 방 사람들과 주임님들께서 항소에서 다 밝히면 된다며 위로해 주셨지만 귀에 하나도 들어오지 않았습니다. 오히려 이런 게 재판이라면 도대체 무엇이 달라지나 하는 생각뿐이었습니다. 그저 저를 놓을 수밖에 없는 상황이었습니다. 그래도 이것이 제 잘못의 대가라고 생각하고 참았습니다.

내가 잘못했으니까, 피해자의 시신 일부를 훼손하고 버렸으니까. 이따금, 심지어 요즈음에도, 꿈에서 얼굴이 흐릿한 소녀가 저를 향해 원망을 퍼붓습니다. 내 손가락 어디 있느냐고. 소리치고 울부짖을 즈음 저는 미안하다고 울면서 제 ○○○을 잘랐습니다. 그리고 그즈음이 되면 꿈에서 깨고 맙니다. 깨고 나면 착잡한 마음이 들면서 밤을 꼴딱 샜습니다. 그런 속내를 끌어안고 살아오다 보니, 문득 정신을 차렸을 때는 몸도 마음도 망가져 있었습니다.

9개월이 지난 지금, 망가질 대로 망가진 심신을 보면서 다시금 깨달았습니다. 내가 이만큼의 대가를 치러야 할 만큼 내 죄가 엄청났구나, 하고요. 처음에는 그 깨달음 속에 제 처지를 향한 원망과 연민과 섞여 있었지만, 후에는 그것들을 깔끔하게 털어낼 수 있었습니다. 가해자는 결국 가해자밖에 안 된다는 것을 깨달았거든요.

　저는 어린 피해자가 살해당한 줄도 모르고 지저분한 농에 좋다고 웃어댔고, 후에는 ○○○이 준 것이 피해자의 사체 일부인 것을 알았음에도 처벌이 두려워 신고하지 못했습니다. 결국에는 그것을 유기하기까지 했지요. 이 일련의 죄들을 평생 용서받지 못할 것임을 알고 있습니다. 그럼에도 쭉 반성하고 참회해야 한다는 것 또한 잘 알고 있습니다. 의무이자, 제 진심이자, 제가 할 수 있는 최소한의 도리이기 때문입니다.

　지금 같이 지내고 있는 언니가 지나가는 말로 물었습니다. 이번에도 진실이 외면당하면 어쩔 거냐고, 무섭지 않느냐고, 예전과 달리 저는 이제 겁이 나거나 냉소적이지 않습니다. 이번만큼은 다를 것이라고 다시금 믿기 때문입니다. 비록 1심 때는 ○○○의 말처럼 '거짓이 진실이 되고 진실이 거짓이 된' 판결을 받았지만, 제가 이에 굴복하지 않고 스스로를 무너뜨리지 않으면 새 판결은 필히 공정할 것이라고 굳게 믿고 있습니다. 그렇기에 '오늘'을 버티고 살 수 있는지도 모르겠습니다.

　지금의 저를 지탱하는 것은 실낱같은 희망뿐 입니다. 부디 재판장님께서 제 억울함을 풀어 주시고 잘못에 알맞은 벌은 벌대로 받도록 해 주십시오. 제 죄에 대한 판단은 판사님께 맡기고 저는 제 자리서 반성하는 것이 제 본분임은 잘 알고 있습니다. 그러나 저는 1심과 같이 억울한 결과를 끌어안은 채 제 죄책감을 분노와 같은 감정으로 더럽히고 싶지 않습니다. 제 진심을 올곧게 알아주시길 바라며 두서없는 글 마치겠습니다. 감사합니다.

제출일: 18. ○. ○○.

반성인: 박○○

반성문

• 사건번호: 2018고합○○

• 사건명: 특정경제범죄가중처벌법위반(횡령)

• 수번: ○○○○

• 피고인: 함○○

존경하는 재판장님,

여기 **구치소에 온 지가 6개월이 지나가고 있습니다. **구치소 창살 너머 저 멀리 보이는 건설현장의 타워크레인을 바라보면 울컥, 눈물이 나며 착잡한 마음과 깊은 회한이 몰려옵니다.

저는 저희 집 큰딸의 병으로 인하여 가슴 답답한 수감생활을 이어가고 있습니다. 저희 집 큰딸의 병은 조현병(일종의 정신질환: 정신병)으로 혼자의 힘으로 치료가 되지 않는 흔하지 않는 병으로 누군가의 도움이 절실한 병입니다. 저희 집 딸은 조현병으로 학업을 중단하고 저와 함께 치료를 받고 있었던 중이었습니다.

큰딸은 ○○에 있는 대학을 다니다가 열심히 공부해서 ○○에 있는 ○○대학교 ○○학과에 편입하여 좋은 성적으로 학업을 마치고 ○○ 유학 준비 중에 병을 얻었습니다. 제가 열심히 공부하라고 너무 재촉해서 얻은 병 같아 제 마음이 찢어지고 가슴이 많이 아픕니다.

큰딸한테 안타깝고 답답하며 너무 미안합니다. 큰 딸은 제가 구치소에 수감되는 바람에 치료가 중단되어 정신질환이 더 심해지고 있습니다. 저의 출소를 학수고대하고 있습니다. 다른 식구들은 조현병을 이해하지 못해 집안 식구들과 대화가 안 되어 싸우고 다툼이 많아서 그 후유증으로 점점 심해지고 있는 상태라 제 가슴이 멍해지고 까맣게 타들어가고 있습니다. 큰딸은 제가 출소하면 아빠 손잡고 치료하러 가자고 애절한 마음으로 매일 여기 구치소로 편지가 오고 있습니다.

아빠가 빨리 출소해서 아빠 손잡고 치료 받는 것이 소원이라고 합니다. 가슴이 먹먹하고 숨이 막혀 식사도 제대로 못하고 있습니다. 큰딸의 편지가 오면 수감 방에서 다른 수감 동료들이 볼까봐 등을 돌려서 읽으면서 하염없이 눈물이 납니다. 아무리 눈물을 숨기려해도 이 좁은 공간에서 금방 탄로가 나 수감방에서는 저를 울보 아빠라고 합니다.

못나고 부족한 아빠만 바라보며 하루라도 빨리 나오기를 애타는 저희 큰딸을 생각하면 마음이 천근만근 무겁고 눈물이 앞을 가립니다. 저희 큰딸의 간절한 소원이 이루어지도록 따뜻한 마음으로 살펴봐 주시기를 바랍니다.

존경하는 재판장님,

○○○전우회와 ○○공사 협의 과정에서 ○○○전우회의 거친 행위에 대하여 잘못되었다는 점에 깊이 반성하고 뉘우치고 있으며 죄송스럽고 송구스럽습니다.

그 당시 ○○○조합원들은 ○○공사에 의하여 많이들 힘들어하고 당황해하고 있었습니다. ○○공사로 인하여 사업이 무산되어 어렵고 힘들게 모은 돈들이 헛되이 되었을 경우 그 후유증은 상상하기 어려웠습니다. 그로 인한, 제2피해, 제3피해가 심각히 우려되었습니다. 그래서 사업무산만큼은 막아야 한다는 절박한 마음으로 저는 동분서주하면서 정신없이 뛰어다녔습니다. 천신만고 끝에 어렵게 사업위기를 극복하고 ○○○ 조합 아파트를 준공시키고 입주시켰으나, 그 과정에서 ○○○ 주택 조합 회원 중에서 일부 조합원들이 ○○공사에 거친 항의를 미처 제대로 살펴보지 못하고 간과한 부분에 대하여 실무 책임자로서 깊은 회한이 남습니다.

○○○ 주택 조합원들은 대부분 서민들로써 경제적으로 열악한 환경에서 내 집 마련의 꿈을 이루기 위하여 한 푼, 두 푼 피와 땀을 흘리면서 어렵게 마련하고 모은 돈이 사업무산으로 헛되이 된다는 사실에 너무 크게 놀라고 당황해 했고 몹시 불안해하였습니다. 그런 과정에서 그분들이 한 행위가 불안한 마음이 앞서 절박한 마음과 심정으로 한 행동으로 생각하시어 재판장님께서 따뜻한 마음으로 감싸 안아 주시기를 머리 숙여 빕니다.

존경하는 재판장님,

엎드려 간청 드립니다. 저희 잘못을 많이 반성하고 있습니다. 많이 부족하고 못난 저를 너그럽게 용서하여 주십시오,

그리고 저를 다시 건설현장으로 복귀시키는 기회를 주신다면 현장 안전화를 굳게 묶고 안전모를 단단히 쓰고 더욱더 열심히 일하겠습니다. 또한 어렵고 힘든 이웃을 돕고, 어려운 학생들을 도와주어 학업에 충실하도록 하여 어렵고 힘든 사람들이 이 사회가 밝고 건강한 사람이 있다는 사실을 알게 하여 열심히 살아가는 용기를 주는 사람으로 자리 매김 하도록 최선

을 다하여 열심히 일하겠습니다.

피고인 함○○ 올림

반성문

- 사건번호: 2018노○○○
- 사건명: **특정경제범죄가중처벌법위반(배임)**
- 수번: ○○○○
- 피고인: **정○○**

존경하는 재판장님,

먼저, 법을 위반한 죄인의 몸으로 재판장님께 반성문을 올리게 됨을 무척 부끄럽게 생각하면서, 참회하는 마음으로 이 글을 올립니다. 구치소에서 수용생활을 하며 지금까지 제가 살아온 날들을 뒤돌아보면서 제가 2번씩이나 이곳에 오게끔 한 저의 잘못된 생각의 근원이 무엇이었는지 재판장님께 진솔하게 고백하고자 합니다.

저는 1남 2녀의 외동아들로 태어나서 너무나 엄격하신 아버님 밑에서 유년시절과 학창시절을 보내면서 항상 아버님께서 허락해 주시는 일만 할 수 있었으며, 제가 스스로 해 보고 싶은 일들을 해 보지 못하였고, 사회인이 되어서도 아버님께서 청춘을 바쳐 일구어놓은 정보통신 사업체를 맡아서 경영을 배워가면서 기존 사업의 성장 한계를 대비한 신사업 준비 등 제가 해 보고 싶었던 일들을 아버님의 반대로 아무것도 할 수 없었습니다.

그때부터 저의 생각은 제 힘으로 새로운 신사업을 만들어 스스로 성공한 모습을 아버님께 꼭 보여드려야 한다는 생각밖에 없었고 이러한 생각이 팽배하여 ○○○의 경영권인수를 아버님과 상의없이 추진하였고, 부족자금 조달을 위하여 은행대출을 받을 때 아버님 모르게 위법한 행위까지 하게 된 것이 저의 첫 번째 잘못된 생각으로 인한 과오였음을 반성하고 있습니다.

○○○의 경영권을 인수한 후에는 ○○산업, ○○○사업 등에 투자하여 미래를 위해 신사업을 준비한 바도 있으며, 그 후에 가족이라고 생각하고 있었던 참모에게 회사를 맡기고 신장 결석 수술을 위하여 병원에 입원해 있을 때 이 사건관련 투자합의서 내용을 참모로부터 처음으로 보고 받고 승인하였습니다. 이를 승인하게된 첫 번째 이유는 제가 항상 생각하고 있던 미래를 대비하는 신사업 중 하나를 추진할 수 있는 근거를 마련하게 된다는 참모의 건의와 설득으로 저도 그렇게 생각을 하였습니다. 두 번째 이유는 ○○○ 박사가 대표로 있는 ○○○과의 상호출자로 저뿐만 아니라 임직원들과 일반 주주들에게도 이익이 돌아갈 것으로 생각하였습니다.

그리고 ○○○과의 투자합의서 내용을 받아들이기로 단시일 내에 결정을 내릴 수 있었던 것은 저희 아버님에게 회사 인수가 성공적이었다는 모습을 하루 빨리 보여드리고 싶었던 저의 어리석은 두 번째 잘못된 생각으로 인한 과오였음을 고백 드립니다.

존경하는 재판장님,

이번 일은 제가 지시하거나 제가 주도한 것도 아니지만 제가 투자 합의서를 승인함으로써 발생한 것이라고 생각하며 이를 진심으로 후회하고 마음 깊이 반성하고 또 반성하고 있습니다.

다만 1심 재판부에서 이 사건이 ○○○ 측에서는 저의 지시에 의하여 추진되었고, 제가 주도한 것처럼 사실관계를 오해한 것과 제가 투자합의서를 승인하게 된 이유가 오로지 주가를 부양시켜 즉시 주식을 매도하여 손실을 보전할 생각만 있었다는 등의 사실관계를 오해한 것에 대하여는 저의 변호인에게 너무도 억울하다는 말씀을 드린 바 있습니다. 존경하는 재판장님께서 이를 특별히 살펴봐 주실 것을 간청드립니다.

존경하는 재판장님,

저는 두 번의 일을 겪으면서 어떤 마음으로 기업을 경영해야 하는지 뼈저리게 깨닫게 되었으며 앞으로는 법도 경영을 기업의 경영이념으로 삼고 정상적인 사회활동을 통하여 많은 일자리를 창출하고 더 많은 수출에 힘을 쏟아 사회발전과 국가이익에 이바지하는 기업인이 되도록 노력할 것을 다짐하면서 이 반성문을 올립니다. 바쁘신 와중에도 피고인의 반성문을 읽어주셔서 감사합니다.

2018년 ○월 ○○일
피고인 정○○ 올림

반성문

- **사건번호:** 2017노○○○○
- **사건명:** 살인
- **수번:** ○○○○
- **피고인:** 김○○

안녕하세요, 재판장님! 김○○입니다.

지난번 보내드린 편지로서 제 뜻이 유가족 분들께 전해졌으면 하는 바램입니다. 오늘은 지난번 편지를 적게 된 계기와 심정을 적어 보려 합니다. 지극히 개인적인 이야기지만 양해해 주셨으면 합니다.

저는 감정에 많이 둔감한 편이었습니다. 타인보다 둔감하다는 것을 뒤늦게 알았고, 다만 이전의 저는 인간에게 있어서 감정보단 이성이 훨씬 중요하다고 생각했습니다. 감정을 배제해야 할 것으로 여겼고, 감정을 표현하는 법도, 표현해야 하는 이유도 잘 몰랐습니다. 실은 그 탓에 아직도 감정보다 이성에 치중하여 말하는 습관이 있습니다. 이성을 사용한 논리적인 것만이 진정으로 옳다고 생각하며 비이성적이고 비과학적인 모든 것을 경멸했었습니다.

이번 사건 이후, 저는 제 스스로에 대해 논리적인 설명을 내놓지 못했고, 그래서 당혹스러웠습니다. '기억이 안 나요'라고 말하며 혼란스러웠습니다. 누군가 잘라낸 듯 끊기고 대충 기워진 당시의 기억은 저를 패닉에 빠지게 했으나 겉으로는 이성을 내세운 저는 기계처럼 진술했습니다. 당시의 저를 보고 엄마께선 '뭐에 씌인 것 같았다'고 하셨습니다. 사건과 그 잔혹성에 경악하고 끔찍해 하는 감정은 일을 저지를 당시엔 느끼지 못했습니다. ○○○양이 제게 ○○에 대한 얘기를 하며 제게 명령하고 지시한 그때, 돌이켜보면 제 내면의 한 부분이 죽어 버린 듯했다고 회상합니다.

저는 수사 중 진술을 하며 이유 모를 구역감을 느끼고 헛구역질을 하곤 했는데 그건 지금 생각해 보니 억눌린 감정이 발버둥치는 것 같다는 생각이 듭니다. 시간이 지나며 저는 서서히 감정을 느끼게 되었습니다. 원래도 둔감한 감정이 그마저도 억눌려 있을 땐, 논리만 끼워 맞춰 지껄이며 조사관님을 조롱하기도 했습니다. 제가 마땅히 느껴야 할 감정을 되찾기 시작했을 때도, 감정을 멸시하던 제 평소 태도 탓에 감정이 도로 짓눌리거나 종종 자해로 표출되었습니다.

이성만을 중시하고 감정을 멸시하는 이런 제 태도를 바꾸게 된 계기가 있었습니다. 제가 피해자 어머님께서 증언하시는 것을 들었을 때입니다. 제 이성은 70억이 넘는 인구 중 한 사람의 생명의 가치를 몰랐고 그렇기에 죄의식 또한 없다시피 했습니다. 증언을 듣던 그날, 저는 제가 우는 이유를 몰랐습니다. 그저 슬픔이 느껴졌고, 나중에야 그게 슬픔이구나 하고 알았습니다. 그저 울고 싶었고, 잘못을 빌고 싶었습니다.

제가 여태까지 울 때는, 악에 받쳐 울거나 하는 경우뿐이었습니다. 이런 슬픔은 처음이어서 저는 놀랐습니다. 그날 증언하신 내용이 담긴 신문기사를 스크랩해서 읽고 또 읽었습니다. 읽을 때마다 울컥하는 느낌이 들었습니다(이 단어가 맞는지 잘 모르겠습니다). 그렇게 읽던 중 문득 느꼈습니다. 저는 아이를 잃은 그분의 증언을 듣고 그분의 슬픔에 공감한 것이었습니다. 감정을 억누르던 힘은 사라졌고, 제가 미처 몰랐던 제 감정과 더해지자 큰 감정이 되었습니다.

저는 그분의 증언으로 인해 감정의 억압으로부터 해방되었어요. 진짜 슬픔, 진짜 공감을 처음 알았습니다. 그리고 ㅇㅇ은 공감과 함께 제게 양심과 죄의식이 무엇인지를 알려주었습니다.

저는 감정 표현이 서툴고, 공감도 서툽니다. 이제 걸음마를 배우기 시작한 것 같습니다. 그러나 저는 감정, 특히 공감에서 인간의 존엄성이 비롯된다는 것을 깨달았습니다. 이성이 아니라요. 그래서 저는 제 감정에 솔직하고자 합니다. 서투르지만, 익숙해지도록 노력할 겁니다.

진정으로 슬퍼하고, 제가 잘못했다 하는 양심의 소리를 들을 수 있는 지금이 이전의 저보다 훨씬 인간답습니다. 제가 다른 사람들과 달랐던 점이 이것이었습니다. 지금 전 기쁨과 슬픔을 나누고 나눔을 받을 수 있습니다. 새 세상이 열린 것 같습니다. 논리적 이유 없이 감정을 드러내는 게 새롭습니다. 저는 자폐증으로부터 해방되고 있다고 느낍니다.

서툴지만 표현할 수 있다는 게 좋습니다. 피해자를 이따금 생각합니다. 피해자와 동갑인 제 조카는 귀엽고 좋습니다. 전 그 아이 목마도 태워 주고 놀아 주기도 했는데 너무 어린 나이입니다. 그래서 슬프고 화가 납니다. 제게 화가 납니다. 미안하다보다 백 배 넘게 미안합니다. 제 자신과 저를 꼭두각시 마냥 부린 ㅇㅇㅇ은 너무 밉고 생각할수록 화가 납니다. 격하게 싫습니다.

반면 제 가족은 너무 좋습니다. 엄마, 아빠, 동생 다 보고 싶습니다. 근데 피해자 분과 유가족 분들이 생각나서 슬프고 우울합니다. 피해자를 살려낼 수만 있다면 피해자 가족 분들이 너무나도 좋아하실 것 같고, 그러면 저도 같이 좋을 것 같습니다. 근데 그럴 수 없어서 슬프고, 너무 슬프고 근데 그럴 수 없어서 슬프고, 너무 슬프고, 저 때문에 그분들이 너무 많이 슬프셔서 저는 많이 슬프고 죄송합니다.

제 감정입니다. 단순하기에 기교가 필요 없고 기교가 많지도 않습니다. 전하고 싶은 마음이 생겼고 방법을 깨달았으니 편지를 썼습니다. 그 편지를 통해 제 심정을 전하는 데 도움을 주셨으면 합니다. 긴 글 읽어 주셔서 감사합니다.

17. ○○. ○○.

반성인:김○○

반성문

- 사건번호: 2017노○○○○
- 사건명: 조세포탈
- 수번: ○○○○
- 피고인: 고○○

존경하는 재판장님,

저는 ○○년 ○월 ○일 구속되어 ＊＊교도소에 수감 중인 고○○입니다.

오늘도 염치없는 바람으로 다시 한번 용기를 내어 반성과 뉘우침으로 용서를 구합니다. 선고일이 하루하루 다가오니 저의 마음은 한없이 작아지고 마음에 공허함이 고통으로 이어져 밤잠을 못 이루고 날이 밝아옵니다.

저의 이런 고통은 당연히 제가 만든 벌이라 생각하며 힘든 고통을 감내하며 수감생활을 하고 있으며 앞일의 걱정을 마음속 깊이 삭이고 있습니다. 존경하는 재판장님, 제 인생에 평생 지울 수 없는 잘못을 저질러 가족들에게 형벌과 같은 고통을 주고 있는 저는 어리석게도 지은 죄가 이렇게 중죄인 줄 그때는 진정 알지 못했습니다.

가난에 지쳐 한순간에 판단을 잘못해 죄를 지었습니다. 가족들의 눈물을 보면서 진정 행복이 무엇인지 아버지로서 자식에게 주는 행복이 무엇인지 다시 한번 지난날을 뒤돌아봅니다. 금전만이 행복할 수 있다고 살아온 인생길을 철저히 되새겨 보고 저 자신의 어리석음을 꾸짖고 있습니다.

존경하는 재판장님, 뒤돌아보면 제가 걸어서는 안 되는 길을 걸어 와 버렸습니다. 후회하며 모든 고통을 감내하며 지내고 있지만 힘들게 고통받고 살아가는 죄 없는 가족들의 생활이 저로서는 건너기 힘든 마음의 고통입니다. 정신적으로 힘든 생활에 지병이 있어 약에 의존하며 수용생활을 하고 있습니다. 이런 생활을 얼마나 오래 견딜 수 있을지 못난 죄인은 심적인 불안한 마음으로 생활하고 있습니다.

존경하는 재판장님, 감히 또 한 번 이 죄인은 간절한 마음 어찌할 바를 몰라 이렇게 애원합니다. 염치없는 바램입니다. 백에 한번만이라도 용서를 베푸시어 제 딸아이를 불쌍히 여기시어 진정 한 번만 온정을 베풀어 주시길 눈물로 또 한 번 간절히 청합니다. 딸자식을 돌보며 ○○년도 화물차 운송자격증도 취득했습니다. 구속되기 전에도 화물차 임시직 기사로 일을 했습니다. 적은 수입에도 딸아이는 불안한 생활을 하지 않았습니다. 죄지은 아버지로서 너무 미안하고 부끄럽습니다.

존경하는 재판장님, 지금의 처지는 어느 한 곳 의지할 곳이 없습니다. 오직 간절한 마음으로 애원합니다. 부디 이 죄인의 장애인 딸자식을 불쌍히 여기시고 마지막 한 번의 기회를 주셔서 딸아이 곁으로 조금이라도 빨리 돌아가 돌볼 수 있게 기회를 주시길 간절한 마음으로 청합니다. 어리석은 죄인이 늦어졌지만 이제라도 후회하고 깊이 반성하며 다시 태어나고자 합니다. 부디 이런 죄인의 의지를 불쌍히 여기시고 한 번 기회를 주시어 중형을 면하게 해 주시길 간절히 또 애원합니다. 부족한 글 끝까지 읽어 주셔서 감사합니다. 죄송합니다.

2017. ○ ○. ○ ○.

피고인 고○○

반성문

- **사건번호**: 2018고합○○, ○○○ **병합**
- **사건명**: 사기
- **수번**: ○○○○
- **피고인**: 이○○

존경하옵는 재판장님,

피고인은 그동안 인생의 마무리 시점에 이토록 어리석은 죄인이 된 것에 대하여 깊이 통탄하며 하루하루를 반성하고 있습니다. 세상 유혹의 욕심을 이기지 못하고 무책임한 행동으로 여러 지인들에게 마음의 상처와 물질적 피해를 가하고 지금의 피고인이 된 것이 너무나 한심하고 사회 질서에 무책임한 처신에 깊이 회개하며 나 자신이 이번 사건에 입이 열 개라도 할 말이 없습니다.

정말 정말 뼈를 깎는 아픔으로 반성 많이 했습니다. 참된 것이 하늘의 도리이고 참되려고 노력하는 것이 인간의 도리인데 인간의 도리를 다하지 못한 점 진심으로 부끄럽고 수치스럽게 생각합니다.

저의 죗값을 마치고 사회에 나가 피해자들에게 사과하고 제가 최선의 힘을 다하여 변제할 수 있도록 힘껏 노력하겠습니다. 또한 얼마 남지 않은 인생에 결산을 진실과 정직으로 마무리할 각오로 맹세하려고 합니다.

재판장님께서 한 번의 재생의 기회를 주시길 간곡히 선처 바라며 용서를 간청 드립니다. 이 사건을 통하여 모든 것이 어리석은 나 자신을 질책하며 눈물로 깊이 반성하며 회개하며 진실한 마음으로 정직한 길을 걸을 것을 재판장님께 약속하며 피고인은 가족과 자식들 앞에 정직하게 살아가는 가장이 되겠습니다.

또한 모든 분들에게 용서를 구하고자 합니다. 오직 회개하며 진실되게 마지막 인생을 종결하겠습니다.

2018. ○○. ○○.

이○○

반성문

- 사건번호: 2018고단○○○○
- 사건명: 사기
- 수번: ○○○○
- 피고인: 우○○

존경하는 재판장님께.

저는 **구치소에 수감되어 있는 우○○입니다. ○○살이 되어 반성문을 처음 쓰게 되어 많이 부족하지만 많은 양해 부탁드리겠습니다. 저는 평범한 가정에서 태어나 평범하게 자랐습니다. 성실한 아버지와 마음 착한 어머니 결혼한 누나 그리고 저 이렇게 평범한 가족입니다.

하지만 저의 가족도 어려운 시기가 있었습니다. 제가 초등학교 6학년 때 어머니가 운영하시던 공장이 부도가 나 사람들이 찾아왔고 저의 어머니를 찾으셨고 저와 누나는 아무 말도 못하고 울고만 있었습니다. 어머니는 몇 달 동안 집에 잘 안 들어오셨고 아주 가끔 저와 누나를 보러 몰래 오셨다가 가시곤 했습니다. ○○에 살고 있었던 저희 가족은 급하게 쫓겨 나가듯 ○○동으로 이사를 가게 되었습니다.

○○동에 살면서도 사람들은 계속 찾아와 어머니를 찾았고 그때마다 저

와 누나는 일하고 계시는 아버지 회사로 전화를 했고 아버지는 집으로 오셔서 사람들과 말다툼을 하셨고 사람들을 데리고 다른 곳으로 가시고는 했습니다. 아마도 저와 누나한테 이런 모습을 보이기 싫어서 그러셨던 거 같습니다. 이런 생활은 몇 년 정도 지속되었고 저는 고등학생이 되어 취업을 나가게 되었습니다.

＊＊고등학교에서는 3학년 2학기가 되면 학교에서 취업을 보냈고 저도 이제 돈을 벌 수 있어 가족에게 도움을 줄 수 있게 되어 행복했습니다. ○○공단에 있는 공장에서 3년 정도 일을 하다가 저는 새끼손가락이 절단되는 사고가 나서 접합전문 병원에서 수술을 하고 8주를 입원 치료를 하게 되었습니다. 그 후 저는 공장에서 일을 하면 다시 다치면 어떡하지 하는 공포심에 일을 할 수 없게 되었습니다.

저는 이것저것 아르바이트를 했고 저희 가족도 아버지와 어머니가 열심히 노력하신 덕분에 안정이 되어 ○○○으로 이사를 오게 되었습니다. 저는 일을 하다 보니 ○○살 조금 늦은 나이에 군대에 입대를 해 ○○○ 가설병으로 열심히 군복무를 하고 ○○살 ○월에 제대를 했습니다.

초등학교 친구인 김○○이 제대한 저를 보고 자기가 일하고 있는 회사에서 같이 일을 해 보자고 해서 저는 그 회사에 면접을 보러 갔습니다. 대출중개 에이전트 회사였고 처음하는 사무직이라 신기하고 기분이 너무 좋았습니다. 저는 전역한 지 6일만에 그 회사로 출근을 했고 열심히 일을 해 1년만에 대리직급을 달았습니다. 제3금융권 대출사 영업도 나가고 제2금융권인 ○○은행 영업도 많이 나가게 되었습니다. 김○○은 다른 회사로 이직을 했고 저는 혼자 남아 7년을 일을 했고 제 직급은 차장이 되었고 저희 가족도 부족함이 없이 살게 되었습니다.

하지만 나라에서 불법 스팸 전화가 많이 온다고 해서 3개월 동안 대출전화, 카드 개설, 보험, 인터넷 기타 등등 먼저 고객한테 전화를 하면 안 되고 만약 이런 전화가 먼저 오면 신고를 하면 포상금을 받는 임시제도를 실행하게 되어 저의 회사뿐만 아니라 다른 회사들도 갑자기 어려워졌고 어떻게 이겨나가야 할지 고민에 빠졌습니다. 해결 방법은 인원 감축이었고 감축 인원에 저도 포함이 되어 있었습니다. 저는 하루아침에 실업자가 되었고 퇴직금과 실업급여로 생활하게 되었습니다.

3개월이 지나 임시제도는 해제되었고 저는 아는 이사님에게 도움을 받아 ○○동에서 제 개인 명의로 대출 중개업을 다시 시작하게 됩니다. 직원들도 모집하고 ○○○ 블로그로 광고업체에 대출광고도 준비를 했고 자신감도 넘쳐났습니다. 하지만 생각대로 잘 안 되었고 6개월 만에 제 사업은 망하게 되었고 저는 빈털터리가 되어 이젠 어떤 일을 해야 하나 걱정과 고민에 빠져 있을 때 예전에 알고 지내던 이사님에게 연락이 왔습니다.

저의 사정을 알고 같이 한번 인터넷 광고를 해 보자고 제안을 하셨고 저는 딱히 할 일도 없고 생활비도 필요해서 이사님의 일을 도와줄 겸 인터넷 광고 일을 시작하게 되었습니다. 저는 광고 일이 처음이었고 아는 것도 없어 기본급 150만 원 받기로 하고 천천히 일을 배우기로 했습니다. 하지만 회사는 경쟁사들에게 밀리기 시작했고 회사가 사정이 어렵다는 이유로 저의 급여를 몇 달 동안 안 주셨고 저는 힘든 생활이 지속되어 부모님께 도움을 요청하고 싶었지만 죄송하고 창피해서 말씀을 안 드렸습니다.

그래서 저는 손쉽게 받을 수 있는 카드론 대출 500만 원을 받게 되었고 월급을 조금이나마 주시면 빚을 갚을 생각이었습니다. 급여는 계속 주지 않았고 저는 생활비와 대출 원금 이자에 더욱더 힘들었습니다. 그래서 마지막으로 정부 지원 햇살론 대출 1,000만 원을 대출을 받게 되었습니다. 점점 회사는 어려워졌고 저는 못 받은 월급에 미련이 남아 일을 그만두지도 못하고 있다가 결국 회사는 폐업하게 되었고 저는 대출금을 못 갚아 연체가 되어 저의 채권은 ○○재단으로 이관이 되고 말았습니다.

몸과 마음은 지쳐 버렸고 어떻게 해야 하나 왜 계속하는 일마다 안 되는 건지 제 자신이 원망스럽고 미웠습니다. 이제는 부모님한테 도움을 받아야 하나 고민하고 생각했지만 말씀드리기가 무섭고 죄송해서 며칠 말을 못 드렸습니다. 그렇게 시간이 가는 동안 제일 친한 친구인 △△한테 연락을 하게 되었고 저의 사정을 이야기를 했고 친구는 자기가 운영하는 맞춤정장 가게에서 같이 일을 하자고 했고 저는 너무 고마웠습니다. 기본급은 120만 원이였지만 행복했습니다.

일을 배우면서 열심히 몇 개월을 일을 했고 정장에 대해서 많이 알게 되었을 때쯤 초등학교 친구인 김○○이 저를 찾아와 다시 한번 대출중개업을 해 보자고 제안을 했고 조건도 지금 일하고 있는 정장가게보다 좋았습니다. 며칠 간 저는 고민을 많이 했고 대출중개업을 다시 하기에는 용기가 나질 않았습니다. 그리고 제일 친한 친구를 배신하는 느낌도 있어 쉽게 결정을 못하고 있었습니다. 그때 제일 친한 친구인 △△가 내가 너한테 급여를 300만 원을 줄 수 있으면 너를 가지 말라고 붙잡을 텐데 그럴 수 없어 너를 보내주고 다시 한번 용기를 갖고 대출일을 해 보라고 먼저 말을 꺼냈습니다. 친구가 너무 고마웠고 감사했습니다. 그래서 저는 다시 용기를 갖고 ○○와 같이 대출중개일을 하기로 했습니다. 회사 상호는 ○○○○대부중개로 정하고 개인사업가가 아닌 법인 사업자로 운영을 시작했습니다.

대출 경력자들을 모집 광고를 ○○○, ○○○ 구직사이트에 올렸지만 면접을 오질 않았고 그렇다보니 지인들 소개로 직원을 채용하게 되었습니다. 다들 대출중개업은 처음이라 3개월간 업무를 알려주면서 일을 하다 보니 수익은 없었습니다. 점차 신입들은 조금씩 매출이 올라가기 시작했고 경력자들도 대거 영입하게 되어 회사 매출이 올라가기 시작했습니다. 저는 주업무인 대출중개광고와 대부업체코드를 가지고 있는 에이전시 영업에 더 신경을 써야 했고 회사는 바쁘게 돌아갔습니다.

그리고 저희는 인터넷 광고뿐만 아니라 언론사 신문광고도 시작을 했고 한 달에 광고비용만 3,000만 원에서 4,000만 원까지 나왔습니다. 하지만 이때 금융권에 서민 대출이 많이 증가가 되었고 나라에서는 안 좋게 생각을 했습니다. 대출 조건은 더욱더 까다로워졌고 금감원에서는 각 금융사에게 대출 종량제를 실시하라는 공문을 보냈고 그 내용은 한 달에 대출금액을 얼마까지 설정을 하고 그 금액이 되면 금융사는 대출을 못하는 내용이었습니다. 다음 달이 돼야 다시 대출이 가능했고 대출중개업을 하는 저희는 시장 흐름을 인지하지 못했고 매출이 안 나오면 광고를 더 늘렸고 더 많은 비용을 지불했습니다.

수입은 줄고 지출은 늘어나는 현상이 일어났고 회사는 점점 마이너스가 나기 시작했고 ○○이는 여기저기에서 돈을 빌리기 시작했습니다. 저도 이때부터 월급을 제대로 받지 못하기 시작되었습니다. 개인적으로 힘든 시기였습니다. 하지만 또 한편으로는 사랑하는 사람을 만나 행복한 시기이기도 합니다. 그녀의 이름은 ○○으로 한국여성이 아니었고 외국 여성입니다. 우연히 거래처 이사님과 식사를 하다가 만나게 되었고 저는 점점 ○○을 사랑하게 되었습니다. 그녀는 한국에 돈을 벌기 위해 왔고 외국에는 4살짜리 예쁜 여자아이도 있는 아이 엄마였습니다.

처음 몇 달 동안은 이 사실을 숨겼지만 페이스북에 사진을 제가 보고 아이가 있다는 걸 알게 되었습니다. 저는 많이 화가 났지만 그 아이를 사랑할 만큼 그녀를 사랑했고 결혼까지 생각했습니다. 하지만 저는 월급을 제대로 받지 못해 경제적 여력이 없었고 생활비와 데이트 비용 때문에 친구와 동생들에게 돈을 빌리기 시작했습니다. 친구한테 빌린 돈을 갚기 위해 다른 친구한테 돈을 빌리고 동생한테 빌리고 이런 생활이 7개월에서 8개월 지속되었고 저는 너무 힘들고 괴롭고 짜증 나고 제 자신이 너무 한심해 보였습니다. 그리고 사랑하는 사람과 결혼하고 싶은 마음도 절실했던 것 같습니다. 그래서 저는 꼭 돈을 많이 벌어야 겠다는 욕심이 이때부터 생겨난 것 같습니다.

많은 돈을 바라는 건 아니었습니다. 제 밀린 월급, 이것만 받으면 제 모든 채무가 사라지고 처음부터 다시 시작할 수 있다고 생각했습니다. 엎친 데 덮친 격으로 ㅇㅇㅇ 실태 조사서를 기간 내에 안 냈다는 이유로 벌금 600만원이 나왔고 낼 돈이 없어서 회사는 폐업을 하게 되었습니다. 아마 이때부터 핸드폰 일을 시작하게 된 것 같습니다.

업무는 잘 몰랐지만 그전부터 핸드폰 일을 하고 있었던 김ㅇㅇ과 직원들이 있어 일을 하기는 어렵지는 않았습니다. 딱히 제가 할 일은 없었고 동생인 김ㅇㅇ가 실업무와 회사 수익금을 관리를 다 하고 있었고 저는 광고와 외근일을 주로 맡아서 한 것 같습니다. 핸드폰 일을 하면서 이제는 월급을 받을 수 있겠지 하고 생각했지만 대부중개업을 하면서 회사와 ㅇㅇ은 빚이 많았고 수입금은 회사 빚과 운영비로 다 나갔고 저는 11개월 동안 월급을 제대로 받지 못하였습니다.

저는 친구들과 동생들한테 빚도 많아졌고 ㅇㅇ재단에 빚도 남아 있는 상태였습니다. 돈도 못 벌고 일도 아닌 것 같아 이제 그만두고 다른 일을 하자 마음을 먹고 있었습니다. 그런 시기에 형사님들이 회사로 오셨고 저는 이렇게 구치소로 오게 되었습니다. 아버지와 어머니 너무 죄송하고 친구들 동생들에게도 미안합니다. 그리고 사랑하는 여자친구 ○○한테도 미안합니다.

병원에 같이 가기로 했는데 못 가게 돼 여자친구가 걱정이 됩니다. 한국 사람이 아니어서 연락하기가 어렵고 이제 곧 외국으로 돌아가야 하는데 배웅도 못할 것 같아 마음이 아픕니다. 저는 수감 생활 동안 죄를 지으면 얼마나 무섭고 힘들고 고통스러운지 알았습니다.

하루에도 몇 번씩이나 가슴 깊이 반성하고 지난날 저의 행동에 자책하며 지내고 있습니다. 저의 삶이 가식적으로 살아왔나 하는 생각에 괴롭고 너무 힘이 듭니다. 존경하는 재판장님, 이제 저는 절대 법을 어기는 일은 하지 않을 것을 저희 가족과 친구, 동생, 여자친구 그리고 존경하는 재판장님께 감히 맹세하겠습니다.

반성과 후회가 저의 죄를 다 용서할 수 없겠지만 앞으로 살아가면서 사회에 봉사하며 살아가겠습니다. 악필에 글재주도 없는 저의 반성문을 읽어주셔서 감사합니다.

2018년 ○월 ○○일 우○○ 올림.

반성문

- 사건번호: 2018고합○○○
- 사건명: 사기
- 수번: ○ ○ ○ ○
- 피고인: 성○○

존경하는 재판장님께 드립니다.

어리석고 미흡한 저는 씻을 수 없는 죄를 짓고 이곳 구치소에 2달 반 동안 구속되어 매일 같이 잘못을 뉘우치고 반성하며 잘못을 빌고 있는 죄인 성○○입니다. 그동안 잘못된 죄에 대하여 하루도 빠짐없이 후회하고 뉘우치면서 반성하고 있습니다. 지금 돌이켜 생각해 보니 어리석은 무지에서 비롯된 것 같습니다. 한없는 후회와 뼈를 깎는 반성으로 하루하루를 보내고 있습니다.

존경하는 재판장님, 저는 금년 ○○세로 ○살 때 ○○ 전쟁으로 부모님과 형 1명 동생 1명 5식구가 피난하여 ○○년 ○○에 정착하여 유년시절을 보내고 ○○년 ○○살에 군에 입대하여 국가의 명에 따라 ○○ 전쟁에 참전하여 1년간 복무를 마치고 ○○년 군에서 제대 후 공직생활을 하다 국가에서 시행하는 ○○광산에 광부로 파견되어 3년간 광부로 일하고 국가의 경제 발전에 기여를 한 바 있습니다.

그 후 ○○년부터 ○○ 전쟁에 참전했던 전쟁후유증으로 인한 질병(당뇨병, 고혈합, 고지혈, 협심증 및 말초신경병)으로 투병하며 약으로 지탱해 오고 있습니다. ○○년부터 ○○ 질병으로 고통받고 있는 ○○명의 전우들의 복지증진과 명예선양 사업을 목적으로 이○○회장(피고)과 함께 전우들을 위한 ○○○ 전우회를 사비를 들여 ○○년 ○월 ○일에 설립허가를 받아 아무런 도움 없이 자력으로 회원들의 복지증진과 명예 선양 사업을 위해서 앞만 보고 열심히 노력해 왔습니다.

공로를 인정받아 대통령표창도 수상하였고, 국민훈장목련장도 수상한 바 있습니다. 그리고 외무부장관 표창도 20회 이상 수상, 좌우 살펴볼 겨를도 없이 고통받고 있는 전우들을 위해 앞만 보고 달려오다 보니 씻을 수 없는 죄를 범하는 줄도 모르고 국가와 사회에 많은 누를 끼치게 되었다는 것을 이곳에 와서 많이 뉘우치고 후회하고 반성하고 있습니다. 잘못을 뉘우치기에는 늦은 시간일 수도 있지만 여생이 얼마 남지 않은 것 같습니다.

앞으로 남은 시간을 봉사하며 살아갈 수 있도록 법이 허락하는 한 재판장님의 관용을 베풀어 주실 것을 간곡히 호소 드리오며 용서를 구하고자 하오니 병들고 늙은 몸으로 잘못을 뉘우치고 반성하고 있는 죄인을 꼭 한 번만 용서하여 주시오면 ○○세의 노모와 (형님은 ○○전에 참전해서 중상을 입고 지내다 11년 전 생을 마감하고 ○○현충원에 안장) 2년 전에 자궁암 수술과 2회에 걸쳐 심장 수술로 늘 힘들어하는 ○○세의 가족을 돌보며 사회에 봉사하며 살아갈 수 있는 시간을 허락하여 주시옵길 다시 한번 엎드려 간절히 호소 드리오며 존경하는 재판장님 저는 이미 명예와 국가유공

자의 마지막 보루인 현충원 안장 자격도 상실되었습니다. 존경하는 재판장
님께 뼈를 깎는 아픔과 고통으로 반성문을 제출하오니 선처하여 주시길 간
곡히 호소 드립니다.

2018. ○. ○.
반성인 성○○

반성문

- 사건번호: 2017노○○○○
- 사건명: 특수준강간(주거침입)
- 수번: ○○○○
- 피고인: 도○○

존경하는 재판장님께,

저는 사건번호 2017노○○○○로 **구치소에 수용번호 ○○○으로 수용중인 도○○입니다. 저는 주거침입 준강간으로 1심 재판에서 5년을 선고받고 2심 재판을 기다리고 있습니다.

존경하는 재판장님, 저는 조사 기관부터 1심 재판까지 부인을 하였습니다. 당시 상황에서 피해자의 행동을 봤을 땐 합의하에 관계를 가졌다고 생각했으나 재판진행 중, 그리고 재판이 끝날 무렵 저의 생각이 틀렸다는 것을 깨달았습니다. 저는 제가 인사불성의 상태가 아니라는 것만 생각하고 저의 잘못이 없다 생각하였습니다. 하지만 저의 행동이 잘못된 것이란 걸 깨달았습니다. 깊게 반성하고 있습니다. 모텔에서도 호실문이 열려 있었으면 혹시 모를 범죄와 위험한 상황을 대비해서 문을 닫고 친구인 피해자를 보호해 주었어야 했는데 그러지 못하고 모텔 호실 문을 열고 들어간 것에 대해서 피해자에게 정말 미안한 마음만 있습니다.

또한 호실 안으로 들어가 피해자에게 같이 나가자고 했을 때 안 나간다고 했으면 "알겠어, 잘자"라고 말하고 나오는 것이 맞는 건데도 그러지 못하고 그 자리에 있던 것에 대해서도 진심으로 머리 숙여 용서를 빌고 싶습니다. 하루하루를 마지막이라고 생각하며 살아가고 제가 지은 죄에 대해 반성과 자책감을 느끼며 하루하루를 보내고 누군가에게 피해를 주고 상처와 씻지 못할 기억을 남긴 것에 대해서는 많은 후회와 반성을 하며 지내고 있습니다.

존경하는 재판장님, 저의 부모님께서는 살면서 안 오셔도 될 곳을 못난 자식인 저 때문에 교도소라는 곳에 오시고 모자람 없이 저와 동생을 올바르게 지도하면서 키워주시고 지역사회에 많은 봉사와 타인에게 피해를 단한 번도 주지 않으시며 살아오셨습니다. 하지만 못난 아들인 저로 인하여 남들이 술 먹을 때 술안주거리처럼 "도씨 아들 교도소 갔다면서?"라고 하며 이야기를 하곤 합니다. 그럴 때마다 부모님에게 도움하나 되는 것 없이 수용생활을 하고 있는 저는 장남으로서 너무 죄송하고 마음이 아픕니다. 그리고 접견 때 부모님을 뵐 때면 참을 수 없는 눈물을 삼킵니다.

부모님께서 접견장에 들어오시기 전엔 미소 없이 힘들어하시는 표정으로 대기하시다 들어오실 땐 제가 걱정할까 봐 밝은 미소를 띠며 들어오시고 서로의 안부를 묻습니다. 대화 후에 부모님이 가시고 저는 삼켰던 눈물을 터뜨립니다. 못난 자식인 제가 부모님과 피해자에게 너무 죄송스럽고 용서를 빌고 싶습니다. 어렸을 때부터 친구로 잘 지내고 있었던 피해자인데 저의 바보 같은 생각과 행동 때문에 피해자에게 마음에 큰 상처와 걱정을 주어서 정말로 죄송하게 생각하고 하루하루를 반성하는 마음으로 이곳 수용소에서 수용생활을 하고 있습니다.

앞으로 남들에게 피해를 주지 않고 절대 이런 일이 일어나지 않게 열심히 살아가겠습니다. 존경하는 재판장님, 피해자에게 정말 미안하고 죄송하다고 생각하며 앞으로의 앞날을 반성하는 마음으로만 살아가겠습니다. 정말 많은 반성하면서 살겠습니다. 죄송합니다. 정말 진심으로 한번만 선처 부탁드리겠습니다.

반성문

- 사건번호: 2017고합○○○
- 사건명: 폭행치사 및 시체유기
- 수번: ○○○
- 피고인: 남○○

존경하는 재판장님께,

저는 **구치소에 수감 중인 ○○○번 남○○입니다. 여느 또래 친구들과 같았다면 한창 대학 새내기였을 테지만, 저의 크나큰 잘못으로 이곳까지 오게 되었습니다. 혼자서도 무던하게 이겨냈어야 하는 성장기 동안, 저는 인터넷 속의 세상에 빠져 있었습니다. 그리고 그렇게 된 것에는 저만의 부끄러운 이유가 하나 있었습니다. 저희 어머니는 초등학교 선생님이셨고, 제가 어머니와 같은 학교에 함께 등교하기를 원하셨습니다. 당시 초등학생이던 저는 그런 어머니의 결정에 군말없이 동의하게 되었고 결국 어머니의 직장이던 학교에 다니게 되었습니다.

그때부터였을까요. 제게는 '선생님의 딸', '학년부장님의 딸'과 같은 수식어가 붙게 되었고, 금세 전교의 모든 선생님들께서 제 이름이 무엇이고 어느 선생님의 딸인지를 알게 되었습니다. 처음에는 선생님들 사이에서의 높은 인지도와 관심들이 마냥 좋은 것인 줄로만 알았습니다. 제가 교내에서 뵙는 어느 선생님께 인사를 드리든 저를 알아보셨고, 간혹 듣던 '인사성이 바르다'는 칭찬 등은 저를 이어 곧 어머니께 향하는 것이라고 여겼기 때문입니다. 그러나 얼마 지나지 않아 그런 관심들은 저를 틀에 가두고 교내에서의 제 언행을 크게 제한하는 족쇄가 되었습니다.

어디서든 어른의 눈이 닿는 곳이라면 항상 웃고 있고 언제나 올바르게 행동하며 초등학교 생활을 그렇게 보냈습니다. 제가 중학교에 들어가고 나서, 저는 이제 그런 족쇄로부터 진정으로 벗어난 줄 알았습니다. 하지만 제가 간과한 것이 하나 있었습니다. 당시 저희 가족은 어머니와 제가 다니던 학교가 있는 아파트 단지로 이사를 간 상태였고, 자연히 제 생활반경 또한 그 아파트 단지에서 크게 벗어나지 않았습니다. 어느 날, 중학생이 된 제게 아파트 상가에서 전혀 모르는 아주머니께서 제 어머니 반의 학부모라며 인사를 건네어 주실 때, 저는 초등학교 때의 악몽이 되살아나는 것 같은 느낌을 받았습니다.

같은 아파트 단지에 거주하시는 수많은 학부모들 중 제가 모르는 누군가가 저를 알아본다고 생각하니 또 다시 '선생님의 딸'로 기억되고 평가될지 모르는 환경이 무서웠습니다. 지금 돌이켜보면 너무 예민케 반응한 것이 아니었나 싶습니다만 그 당시의 제게는 그 부분이 무엇보다 두려웠습니다. 제가 더 이상 '남○○'으로서 남지 못할 것 같아서 고민하던 중 저는 한 소셜네트워크서비스(SNS)에 빠져들었습니다.

인터넷 속의 세상은 제게 자유를 주었습니다. 있는 그대로의 저 자신을 보여줄 자유, 부모님의 눈치를 보지 않을 자유, 그리고 언제나 제 기분에 따라 울고 웃을 자유를요. 그 자유가 제게는 아주 달콤했습니다.

특히 중학교 1학년 말, 친구들로부터 따돌림을 당하자 저는 현실보다 제게 친밀하게 느껴지던 인터넷 속 세상으로 도망치고 말았습니다. 그곳은 저를 외롭게 두지 않았고, 지루하지 않았으며, 특별하고 흥미로운 이야기들이 넘쳐났습니다. 그런 장점들에 저는 크게 매료되어 있었고, 이번 사건의 주범인 김○○ 또한 그러던 와중에 알게 되었습니다.

그 아이는 특히 잔인한 이야기를 하는 것을 좋아했고, 본인이 이중인격이라는 이야기를 하는 둥 제 흥미를 끄는 이야기들을 많이 들려 주었습니다.

저는 그 아이와 어울려 잔인한 이야기를 하기도 했고, 그 아이의 '이중인격'과 어울려 재미를 느끼기도 했습니다. 하지만 분명 그런 아이의 이야기라고 해서, 또한 가상의 이야기들에 깊이 빠져 있다고 하여 특히나 사건 당일에 현실과 가상을 제대로 구분하지 못한 것은 크나큰 잘못이라고 생각합니다. 경찰서에서 유치장으로, 유치장에서 구치소로 들어오면서 이렇게 큰 사건이 발생하고 나서야 인터넷 속에 빠져들어 있던 자신을 원망하는 것이 한탄스럽고 후회스러웠습니다.

더구나 두려움에 떨며 저지른 유기는 더더욱 제 고개를 숙이게 만들었습니다. 아직도 저는 첫 검찰 조사 당시 피해자 이름을 처음 본 후 제가 유기를 한 과정과 그 사실 자체가 떠올라 결국 화장실에서 속을 게워냈던 기억이 생생합니다. 지금 반성문을 쓰는 동안에도 제 안일한 행동에 대한 후회가 머릿속에 밀려옵니다. 저는 진심으로 제 잘못을 반성하고 후회하고 있고, 재판이 끝날 때까지 모든 시간을 지난날을 반성하며 보낼 생각입니다. 여지껏 아무에게도 제대로 털어놓지 못한 못난 이야기를 들어주셔서 감사합니다. 반성하고 후회하는 마음, 평생 안고 살겠습니다.

제출일: 17. ○○. ○○.

제출인: ○○○ 올림

반성문

- 사건번호: 2017노○○○○
- 사건명: 강간
- 수번: ○○○○
- 피고인: 김○○

존경하는 재판장님께,

  안녕하십니까, 저는 **교도소에 수감 중인 죄인 김○○입니다. 저희 어머니의 고향이 육지에서 멀리 떨어져 있는 낙도 ○○도입니다. 섬에서 유년기와 청소년 시기를 겪어서 인지 바다의 자연형상과 자연재해의 무서움을 잘 알고 있습니다. 그러하기에 아들이 배를 탄다고 하니 경제적 곤궁함에 차마 배를 타는 것을 만류하지 못한 어머니의 심정은 많은 시간이 흐른 뒤에야 조금이나마 헤아릴 수 있었습니다.

  섬에서 살면서 해난 사고로 인명 피해가 발생한 현상을 보고 듣고 목격하면서 아들을 바다로 내보내기가 쉽지 않았을 거라고 짐작합니다. 해난사고의 우려와 근심 걱정으로 아들을 바다로 보내고 한시도 마음 편할 날 없이 지내셨습니다. 어머니의 근심, 걱정을 뒤로 하고 ○○에 입사한 후 1년이 지났을 무렵 ○○척이 넘는 선박 중 ○○ 노선의 선박 한 척에 승선하여 화물창(선창)과 상갑판에 합판과 각목재를 가득 선적하고 필리핀 북단을 지나 대만해협으로 항진하고 있었습니다.

초대형 허리케인의 영향으로 필리핀 중·북부와 대만 전체가 태풍 영향권에 들어있었으며 계속되는 황천(荒天) 항해로 피로에 지쳐 있었으며 전속(全速)은 평상시 속력의 10% 이하의 항속이 유지될 정도로 풍랑과 거센 파도를 맞으며 해난 사고 임계점의 위기 상황까지 경험했습니다. 선장님은 만일을 대비해 육지에 좌초시킬 최악의 경우까지 생각하여 육지에서 최대한 가까운 거리를 유지하며 2박 3일 동안 황천 항해를 했습니다.

2~3일 후 태풍이 소멸되며 태풍 영향권에서 가까스로 벗어 날 수 있었습니다. 비슷한 시각에 ○○에서 철광석 15만 톤을 선적하고 ○○항으로 항해 하던 '○○ ○○호'가 통신 두절로 실종됐다는 비보를 접하며 같은 허리케인의 영향권에서 침몰했을 것으로 추측하고 본 선박은 ○○항으로 계속 항해하여 일주일 후 ○○항에 도착 후 자세한 내용과 소식을 접하게 되었습니다. 해난 사고로 당시 ○○ ○○호의 전 선원 28명이 실종되었다는 안타까운 소식과 광석선 선박의 특징인 중량화물 선적으로 적은 부피에 많은 공소공간으로 짧은 시간 내에 침몰하였다는 내용이었습니다.

초대형 선박이 스웰과 허리케인에 의해 두 동강이 나면서 급격하게 1천 미터 이상의 해저로 빠른 시간에 침몰될 때 발생하는 와류 현상에 탈출이 쉽지 않아 침몰 선박과 같이 수장되었을 거라고 추측하였습니다. 선원명부 상 잘 알고 있는 동료도 있어 직업에 회의와 이직에 대하여 많은 고민도 했습니다. ○○항으로 기항중인 그 시각에 TV속보로 ○○ ○○호 '통신두절', '침몰추정' 등 뉴스를 보신 어머니께서 아들이 해당 선박에 승선하여 해난 사고를 당했다고 짐작하여 집안에서 한바탕 소동이 일어났다는 것을 몇 해

후에 알게 되었습니다. 지금 이 나이에 당시 어머니의 심정에 가슴 메이며 생각지 않게 심려를 끼쳐 드렸고 불효자로서 죄송한 마음 떨치기 어렵습니다.

어머니께선 아들에게 걱정 끼치지 않을까 하여 말씀하지 않고 아무 일 없었던 듯 그렇게 지내 오셨다는 걸 알게 되었습니다. 어머니의 무한한 사랑과 자애에도 불구하고 어머니의 가슴에 대못을 박는 과오를 또 저지르게 되었습니다. 재판장님께 읍소합니다. 어머니께 늦지 않은 효도를 할 수 있게 선처를 베풀어 주시길 바랍니다.

2017년 ○월 ○○일

반성인 김○○